JN094819

障害者権利委員会 総括所見

と インクルーシブ教育

越野和之

児嶋芳郎 編

「みんなのねがい」編集部

全障研出版部

はじめに ～実践者の本当の仕事とは何か～

塚田　直也

「障害者権利条約」この言葉を聞いたことはありますか？　「障害者権利条約」の内容や，それが私たちの生活や日々の仕事（実践）に及ぼす影響を知っていますか？

ちなみに「あなたは，どうなのですか？」と尋ねられれば，「わからないことばかりです」という回答になりそうです。私は，「みんなのねがい」編集部で，今は，編集長を務めています。きっと立場上は，「障害者権利条約」について熟知しているべきなのでしょうが，なかなか難しいです。

私は，日々，障害児学校の現場で，子どもと一生懸命関わり，保護者の方々と話をし，子どもに関係する人たちと連絡を取り合うなど，必死に実践を続けています。子どもたちが笑顔で帰路につく姿を見送るとホッとし，どっと疲れが出てきます。子どもの下校後は，会議，書類作成，授業準備に明け暮れています。学校から帰宅すると，疲れた身体を励ましながら食事をつくり，洗濯し，気がつくと，深夜…まさに自転車操業の日々を過ごしています。忙しい生活の中では「障害者権利条約」のことなど，新たなことを学ぶ気力もなかなか出てきません。

そんな暮らしをしている私でも，インターネットやテレビから流れていた「障害児学校や障害児学級が分離教育として否定された（2022年9月上旬）」という情報に気づき，驚きました。頭の中には，「どういうこと？」という疑問とともに，自分が必死で実践していることは，否定されるべきものなのか…そんな素朴な怒りがわいてきました。

でも，そうした思いは，日々の生活の中で弱まり，同僚と話すこともありませんでした。きっと，同僚の先生方も，こうした報道に気がついたはずですが，

毎日の授業，生活を維持することにエネルギーを費やし，話題にする余裕もなかったのだと思います。

　さて，そんな現実を重々承知の上で，今回，全障研出版部では，「障害者権利条約」，特に教育について言及されている部分（24 条）について学び，さらに，「日本の報告に関する総括所見」が真に意味していることを考えるための一冊をつくりました。この本を一番読んでほしいのは，現場で日々，奮闘している実践者の皆さんです（私自身も含めて）。「こんな本，読む余裕がないよ」，「明日の授業準備もままならない中で，新しいことを学んでいる時間はないよ」など…様々な御意見があることでしょう。

　それでも，あえて，伝えたい。忙しいからこそ，目の前のことで精一杯の生活を送っているからこそ，一度，立ち止まり，本書を開いてほしいのです。

　いま子どもたちが生活し，学び，育ち合う場では，様々な矛盾や問題が噴出しています。障害児教育の現場で実践をしている皆さんは，そのことを肌で実感し，居心地の悪さを感じているのではないでしょうか。そんな中，子どもたちの笑顔のために，仲間と手を取り合い，「それでも，それでも…頑張ろう」と自らを励まし，今日を生き，明日を生きようとしているはずです。

　今回，「はじめに」を書くこととなり，「障害者権利条約」の 24 条を再度読んでみました。難しい表現もありますが，いいことが書いてありました。いいこととは，もちろん子どもたちにとってですが，私たち実践者にとっても魅力的なメッセージが込められていました。また，本書に掲載されている「全障研委員長談話」。これはぜひ，読んでほしい。私たちが日々必死に続けている実践は否定されるべきことではなく，教育の神髄であり，宝であることを実感できるはずです。

　本書を読んだからといって，自転車操業の日々が変わるわけではありません。でも，本書を読めば，そんな毎日が異常であり，否定されるべきことであると実感するはずです。私たち実践者の仕事は，子どもも実践者も生きやすい学校，地域社会をつくっていくことではないでしょうか。現実は変えられます。本書を羅針盤にして，実践を続けてみませんか？

（つかだ　なおや　「みんなのねがい」編集長）

目 次

I 部

いまさら聞けない
そもそも編

佐野竜平 (さの りゅうへい)

日本障害者協議会 (JD) 理事
／法政大学現代福祉学部教授

他

＊「みんなのねがい」2023 年 3 月号をもとに再構成をしました。
＊玉村公二彦・中村尚子（2008）「障害者権利条約と教育」を参考にしました。

障害者権利条約とは，どんな条約？

障害者権利条約の概要・構成

　障害者権利条約は，障害のある人の権利に関する国際的なルールとして，さらに国が市民に保障しなければならない権利を示したものです。

　障害者権利条約は前文と本文50条，それに選択議定書から成っています。はじめの部分の第1条から第5条までが総則的なもので，条約の目的，条約で使われている概念や用語の定義，条約の一般原則と締約国の義務等が規定されています。また，第6条と第7条は，障害のある女性と子どもについての特別な条項となっています。

　人間としての自由や自己決定などを確保するという自由権に関する条項が前半部分の権利の内容として位置づいています。また，アクセシビリティやモビリティなどの条項は，移動や社会参加のバリアの除去に関わるような条項として，障害のある人たちが自分たちの権利を実現するために非常に重要な内容となっています。

　第19条には，自立的な生活と地域社会へのインクルージョンが規定されているほか，第24条以降に，教育，健康，リハビリテーション，労働，社会保障などについて社会権的な条項が入っています。

　最後に，国際協力，そして条約を実施するにあたっての仕組みとして，実施やモニタリングに関する条項がならんでいます。

　さらに，第49条は，この権利条約をアクセシブルな形式とするということで，すべての障害がある人，子どもにもわかような工夫を求めています。

【資料】障害者権利条約の構造と内容

＊玉村公二彦・中村尚子（2008）「障害者権利条約と教育」P26-P28、全障研出版部　を参考に作成

前文

■総論的条項

第 1 条　　目的

第 2 条　　定義

第 3 条　　一般原則

第 4 条　　一般的義務

第 5 条　　平等及び無差別

■特定のグループや状況への特別な留意

第 6 条　　障害のある女子

第 7 条　　障害のある児童

第 11 条　危険な状況及び人道上の緊急事態

■条約のための特別な規定

第 8 条　　意識の向上

第 9 条　　施設及びサービス等の利用の容易さ

■市民的政治的権利

第 10 条　生命に対する権利

第 12 条　法律の前にひとしく認められる権利

第 13 条　司法手続の利用の機会

第 14 条　身体の自由及び安全

第 15 条　拷問又は残虐な、非人道的な若しく
　　　　　は品位を傷つける取扱い若しくは刑
　　　　　罰からの自由

第 16 条　搾取、暴力及び虐待からの自由

第 17 条　個人をそのままの状態で保護するこ
　　　　　と

第 18 条　移動の自由及び国籍についての権利

第 21 条　表現及び意見の自由並びに情報の利用
　　　　　の機会

第 22 条　プライバシーの尊重

第 23 条　家庭及び家族の尊重

第 29 条　政治的及び公的活動（公的生活）へ
　　　　　の参加

■経済的社会的文化的権利

第 19 条　自立した生活及び地域社会への包容

第 20 条　個人の移動を容易にすること

第 24 条　教育

第 25 条　健康

第 26 条　ハビリテーション（適応のための技
　　　　　術の習得）及びリハビリテーション

第 27 条　労働及び雇用

第 28 条　相当な生活水準及び社会的な保障

第 30 条　文化的な生活、レクリエーション、余
　　　　　暇及びスポーツへの参加

■実施

第 31 条　統計及び資料収集

第 32 条　国際協力

第 37 条　締約国と委員会との間の協力

第 38 条　委員会と他の機関との関係

第 40 条　締約国会議

■モニタリング

第 33 条　国内における実施及び監視

第 34 条　障害者の権利に関する委員会

第 35 条　締約国による報告

第 36 条　報告の検討

第 39 条　委員会の報告

■最終規定

第 41 条　寄託者

第 42 条　署名

第 43 条　拘束されることについての同意

第 44 条　地域的な統合のための機関

第 45 条　効力発生

第 46 条　留保

第 47 条　改正

第 48 条　廃棄

第 49 条　利用しやすい様式（アクセシブルな
　　　　　形式）

第 50 条　正文

末文

2 基礎から教えて　Q&A

Q1 条約ってなに？　憲法ではどう決められている？

A 　条約とは，国家間または国家と国際機関との間の文書による合意のことです。条約を結ぶことを締結，国における最終的な確認・同意の手続きのことを批准といいます。日本では，内閣が条約の締結権を有していますが，事前または事後に国会の承認を得なければならないことになっています（憲法第 73 条第 3 号）。すなわち批准には国会の承認が必要です。また，憲法では，条約を誠実に遵守することを定めています（第 98 条第 2 項）。

Q2 条約を締結，批准するということは？　国内法との関係は？

A 　条約は国際的な取決めであり，憲法が，条約の締結における国会の承認や条約の誠実な遵守を求めていることから，条約は法律に優位すると解されています。

　条約の内容が十分に具体的でそのまま国内に通用させられる場合と，国内に適用するためには国内の法律の整備が必要となる場合があります。

Q3 障害者権利条約っていつ，だれがつくったものなの？

A 　2001 年におこなわれた国連第 56 回総会で，メキシコが「障害者の権利を守る条約をつくろう」と提案しました。翌 2002 年から計 8 回，

同条約の内容を草案する国連の特別委員会がおこなわれました。この間，世界の 70 以上の障害者団体等から成る緩やかなネットワークが重要な役割を担いました。日本を含む世界各国の障害者や支援者が国連や政府と協力し，特別委員会に参加する各国の政府代表団に障害者が入るよう後押しするなど，公式・非公式の意見交換やロビー活動を続けたのです。

こうした「Nothing About Us Without Us（私たちのことを，私たち抜きに決めないで）」の理念の下，2006 年 12 月 13 日に国連総会において 21 世紀初の人権条約として採択され，2008 年 5 月 3 日に発効しました。

Q4 障害者権利条約は日本国内でどんな意味があるの？

A 日本国内で同条約の効力が生じた前後で整理してみます。同条約への賛意を示す署名を日本がおこなったのは 2007 年 9 月 28 日です。日本の障害者団体は同条約の水準に照らし，まず国内法の整備など障害者に関する制度改革を進めるよう訴えました。こうした動きをふまえ，2014 年 1 月 20 日に日本は 141 番目の締約国・機関となりました。日本にとって，同条約が憲法と一般法の間に位置する法的拘束力をもつ文書になったのです。

また，国連の障害者権利委員会に対し，定期的な政府報告の提出が義務付けされました。同条約という共通の「ものさし」を利用して，諸外国との間で障害者に関する法施策および実践の差異を明らかにする国際比較が可能になったとも言えます。

Q5 子どもや教育のことはどこに書かれているの？

A 障害者権利条約第 7 条に「障害のある児童」，24 条に「教育」が書かれています。（本書 12，13 ページ）

【資料】 障害者権利条約　第7条　第24条

障害者の権利に関する条約（外務省和文）

https://www.mofa.go.jp/mofaj/fp/hr_ha/page22_000899.html より引用

第7条　障害のある児童

1　締約国は，障害のある児童が他の児童との平等を基礎として全ての人権及び基本的自由を完全に享有することを確保するための全ての必要な措置をとる。

2　障害のある児童に関する全ての措置をとるに当たっては，児童の最善の利益が主として考慮されるものとする。

3　締約国は，障害のある児童が，自己に影響を及ぼす全ての事項について自由に自己の意見を表明する権利並びにこの権利を実現するための障害及び年齢に適した支援を提供される権利を有することを確保する。この場合において，障害のある児童の意見は，他の児童との平等を基礎として，その児童の年齢及び成熟度に従って相応に考慮されるものとする。

第24条　教育

1　締約国は，教育についての障害者の権利を認める。締約国は，この権利を差別なしに，かつ，機会の均等を基礎として実現するため，障害者を包容するあらゆる段階の教育制度及び生涯学習を確保する。当該教育制度及び生涯学習は，次のことを目的とする。

　(a)　人間の潜在能力並びに尊厳及び自己の価値についての意識を十分に発達させ，並びに人権，基本的自由及び人間の多様性の尊重を強化すること。

　(b)　障害者が，その人格，才能及び創造力並びに精神的及び身体的な能力をその可能な最大限度まで発達させること。

　(c)　障害者が自由な社会に効果的に参加することを可能とすること。

2　締約国は，1の権利の実現に当たり，次のことを確保する。

　(a)　障害者が障害に基づいて一般的な教育制度から排除されないこと及び障害のある児童が障害に基づいて無償のかつ義務的な初等教育から又は中等教育から排除されないこと。

　(b)　障害者が，他の者との平等を基礎として，自己の生活する地域社会にお

いて，障害者を包容し，質が高く，かつ，無償の初等教育を享受することができること及び中等教育を享受することができること。

(c) 個人に必要とされる合理的配慮が提供されること。

(d) 障害者が，その効果的な教育を容易にするために必要な支援を一般的な教育制度の下で受けること。

(e) 学問的及び社会的な発達を最大にする環境において，完全な包容という目標に合致する効果的で個別化された支援措置がとられること。

3 締約国は，障害者が教育に完全かつ平等に参加し，及び地域社会の構成員として完全かつ平等に参加することを容易にするため，障害者が生活する上での技能及び社会的な発達のための技能を習得することを可能とする。このため，締約国は，次のことを含む適当な措置をとる。

(a) 点字，代替的な文字，意思疎通の補助的及び代替的な形態，手段及び様式並びに定位及び移動のための技能の習得並びに障害者相互による支援及び助言を容易にすること。

(b) 手話の習得及び聾社会の言語的な同一性の促進を容易にすること。

(c) 盲人，聾者又は盲聾者（特に盲人，聾者又は盲聾者である児童）の教育が，その個人にとって最も適当な言語並びに意思疎通の形態及び手段で，かつ，学問的及び社会的な発達を最大にする環境において行われることを確保すること。

4 締約国は，1の権利の実現の確保を助長することを目的として，手話又は点字について能力を有する教員（障害のある教員を含む。）を雇用し，並びに教育に従事する専門家及び職員（教育のいずれの段階において従事するかを問わない。）に対する研修を行うための適当な措置をとる。この研修には，障害についての意識の向上を組み入れ，また，適当な意思疎通の補助的及び代替的な形態，手段及び様式の使用並びに障害者を支援するための教育技法及び教材の使用を組み入れるものとする。

5 締約国は，障害者が，差別なしに，かつ，他の者との平等を基礎として，一般的な高等教育，職業訓練，成人教育及び生涯学習を享受することができることを確保する。このため，締約国は，合理的配慮が障害者に提供されることを確保する。

Q6 国連「障害者権利委員会」の審査，勧告とは？

A 条約が締結された後も，この条約の目的及び趣旨を実現するためにさまざまなしくみが定められています（第31条〜第40条）。その中で国際的な要となる組織が障害者の権利に関する委員会です。締結国からの報告を検討し，提案や勧告をおこないます。

Q7 国連「障害者権利委員会」とは，なに？　どんな人がいるの？

A 第34条に規定されており，ここでは要点を列記します。委員は締約国の中から選ばれた18人で構成されています。4年任期で1回のみ再選可能です。締約国会議等で，各国の政府・市民団体が選挙向けのロビー活動をおこなったりします。「同条約が対象とする分野における能力や経験を認められた者」という規定があります。第4条3項で「障害者団体との緊密な協議」や「障害者の積極的な関与」を要請しており，半数以上が障害当事者です。

　さまざまなトピックを扱うことから，障害種別，ジェンダーバランス，アジア・アフリカ等の地域性も考慮されています。各国の政府報告を中心に膨大な資料に基づいて審査をおこなうため，実践的な語学力も求められます。

Q8 一般的意見（General Comments）とはなに？

A 条約の理解を深め，広げるために障害者権利委員会が条文ごとに検討し，まとめた文書です。2016年に一般的意見第3号[障害のある女子・女性]，第4号［インクルーシブ教育への権利］が公表されています。締結国への所見と合わせて見ておくことが必要です。インクルーシブ教育については

次の論文を参照してください。
- ▶玉村公二彦（2017）インクルーシブ教育と合理的配慮に関する国際的動向. 障害者問題研究　第44巻4号

Q9 日本の審査はどのように行われたの？

A 締結国報告の国連障害者権利委員会による審査から最終所見に至る一般的なプロセスについては次の論文を参照してください。

- ▶佐藤久夫（2017）諸外国の締結国報告，パラレル報告，総括所見の動向. 障害者問題研究　第44巻4号

また，今回の日本審査については次の論文を参照してください。
- ▶薗部英夫（2023）障害者権利条約実質化のプロセスと到達点. 障害者問題研究　第51巻2号

Q10 日本政府は，障害者権利委員会にどのような報告をしているの？　誰が書いているの？

A 2016年6月，第1回目の日本政府報告が障害者権利委員会に提出されました。同報告の総論ではこれまでの経緯や現状，各論では第1条～第33条まで条文ごとに記述があります。外務省を中心に厚生労働省，内閣府，文部科学省など関連省庁が連携して作成しており，いわゆる白書のような書きぶりでまとめられています。この報告内容をベースに対日審査に向けた事前質問が同委員会から文書で出され，日本政府から同事前質問への回答もまた文書で提出されました。その後同委員会による初めての対日審査が2022年8月におこなわれ，9月に総括所見として勧告が出されました。2028年2月までに改善状況などをまとめ，次の日本政府報告として提出予定となっています。

Q 11 パラレルレポートってなに？

A 障害者権利委員会にとって，政府報告や事前質問への回答のみでは必ずしも全体像を把握できるとは限りません。総括所見をまとめる際，より水準の高いものにしようと市民社会からインプットするのがパラレルレポートです。同委員会の各委員はこれを重視しています。パラレルという言葉は「平行・並列・並行」などと訳されますが，まさに多角的にとらえようという仕組みです。国連による他の人権条約のとりくみでも用いられています。

日本の主要な障害者団体で構成される日本障害フォーラム（JDF）は，2019 年から 2022 年にかけて 3 本のパラレルレポートを同委員会に提出しました。他にも 10 以上の国際・国内 NGO 等からパラレルレポートが寄せられました。

【資料】 障害者権利条約　第34条〜40条　（抜粋）

障害者の権利に関する条約（外務省和文）
https://www.mofa.go.jp/mofaj/fp/hr_ha/page22_000899.html より引用

第34条　障害者の権利に関する委員会

1　障害者の権利に関する委員会（以下「委員会」という。）を設置する。委員会は，以下に定める任務を遂行する。

2　委員会は，この条約の効力発生の時は12人の専門家で構成する。効力発生の時の締約国に加え更に60の国がこの条約を批准し，又はこれに加入した後は，委員会の委員の数を六人増加させ，上限である18人とする。

3　委員会の委員は，個人の資格で職務を遂行するものとし，徳望が高く，かつ，この条約が対象とする分野において能力及び経験を認められた者とする。締約国は，委員の候補者を指名するに当たり，第4条3の規定に十分な考慮を払うよう要請される。

4　委員会の委員については，締約国が，委員の配分が地理的に衡平に行われること，異なる文明形態及び主要な法体系が代表されること，男女が衡平に代表されること並びに障害のある専門家が参加することを考慮に入れて選出する。

5　委員会の委員は，締約国会議の会合において，締約国により当該締約国の国民の中から指名された者の名簿の中から秘密投票により選出される。締約国会議の会合は，締約国の3分の2をもって定足数とする。これらの会合においては，出席し，かつ，投票する締約国の代表によって投じられた票の最多数で，かつ，過半数の票を得た者をもって委員会に選出された委員とする。

7　委員会の委員は，4年の任期で選出される。委員は，1回のみ再選される資格を有する。ただし，最初の選挙において選出された委員のうち6人の委員の任期は，2年で終了するものとし，これらの6人の委員は，最初の選挙の後直ちに，5に規定する会合の議長によりくじ引で選ばれる。

12　この条約に基づいて設置される委員会の委員は，国際連合総会が委員会の任務の重要性を考慮して決定する条件に従い，同総会の承認を得て，国際連合の財源から報酬を受ける。

13　委員会の委員は，国際連合の特権及び免除に関する条約の関連規定に規定する国際連合のための職務を遂行する専門家の便益，特権及び免除を享受する。

第 35 条　締約国による報告

1　各締約国は，この条約に基づく義務を履行するためにとった措置及びこれらの措置によりもたらされた進歩に関する包括的な報告を，この条約が自国について効力を生じた後 2 年以内に国際連合事務総長を通じて委員会に提出する。

2　その後，締約国は，少なくとも 4 年ごとに，更に委員会が要請するときはいつでも，その後の報告を提出する。

3　委員会は，報告の内容について適用される指針を決定する。

4　委員会に対して包括的な最初の報告を提出した締約国は，その後の報告においては，既に提供した情報を繰り返す必要はない。締約国は，委員会に対する報告を作成するに当たり，公開され，かつ，透明性のある過程において作成することを検討し，及び第 4 条 3 の規定に十分な考慮を払うよう要請される。

5　報告には，この条約に基づく義務の履行の程度に影響を及ぼす要因及び困難を記載することができる。

第 36 条　報告の検討

1　委員会は，各報告を検討する。委員会は，当該報告について，適当と認める提案及び一般的な性格を有する勧告を行うものとし，これらの提案及び一般的な性格を有する勧告を関係締約国に送付する。当該関係締約国は，委員会に対し，自国が選択する情報を提供することにより回答することができる。委員会は，この条約の実施に関連する追加の情報を当該関係締約国に要請することができる。

2　いずれかの締約国による報告の提出が著しく遅延している場合には，委員会は，委員会にとって利用可能な信頼し得る情報を基礎として当該締約国におけるこの条約の実施状況を審査することが必要であることについて当該締約国に通報（当該通報には，関連する報告が当該通報の後 3 箇月以内に行われない場合には審査する旨を含む。）を行うことができる。委員会は，当該締約国がその審査に参加するよう要請する。当該締約国が関連する報告を提出することにより回答する場合には，1 の規定を適用する。

3　国際連合事務総長は，1 の報告を全ての締約国が利用することができるようにする。

4 締約国は,1の報告を自国において公衆が広く利用することができるようにし,これらの報告に関連する提案及び一般的な性格を有する勧告を利用する機会を得やすくする。

5 委員会は,適当と認める場合には,締約国からの報告に記載されている技術的な助言若しくは援助の要請又はこれらの必要性の記載に対処するため,これらの要請又は必要性の記載に関する委員会の見解及び勧告がある場合には当該見解及び勧告とともに,国際連合の専門機関,基金及び計画その他の権限のある機関に当該報告を送付する。

第37条 締約国と委員会との間の協力

1 各締約国は,委員会と協力するものとし,委員の任務の遂行を支援する。

2 委員会は,締約国との関係において,この条約の実施のための当該締約国の能力を向上させる方法及び手段(国際協力を通じたものを含む。)に十分な考慮を払う。

第38条 委員会と他の機関との関係

この条約の効果的な実施を促進し,及びこの条約が対象とする分野における国際協力を奨励するため,

(a) 専門機関その他の国際連合の機関は,その任務の範囲内にある事項に関するこの条約の規定の実施についての検討に際し,代表を出す権利を有する。委員会は,適当と認める場合には,専門機関その他の権限のある機関に対し,これらの機関の任務の範囲内にある事項に関するこの条約の実施について専門家の助言を提供するよう要請することができる。委員会は,専門機関その他の国際連合の機関に対し,これらの機関の任務の範囲内にある事項に関するこの条約の実施について報告を提出するよう要請することができる。

(b) 委員会は,その任務を遂行するに当たり,それぞれの報告に係る指針,提案及び一般的な性格を有する勧告の整合性を確保し,並びにその任務の遂行における重複を避けるため,適当な場合には,人権に関する国際条約によって設置された他の関連する組織と協議する。

第39条 委員会の報告

　　委員会は，その活動につき2年ごとに国際連合総会及び経済社会理事会に報告するものとし，また，締約国から得た報告及び情報の検討に基づく提案及び一般的な性格を有する勧告を行うことができる。これらの提案及び一般的な性格を有する勧告は，締約国から意見がある場合にはその意見とともに，委員会の報告に記載する。

第40条 締約国会議

1　締約国は，この条約の実施に関する事項を検討するため，定期的に締約国会議を開催する。
2　締約国会議は，この条約が効力を生じた後6箇月以内に国際連合事務総長が招集する。その後の締約国会議は，2年ごとに又は締約国会議の決定に基づき同事務総長が招集する。

Ⅱ部

国連・障害者権利委員会総括所見（権利条約 24 条）を読み解く

「みんなのねがい」編集部

児嶋芳郎 （こじま よしお）

越野和之 （こしの かずゆき）

1 全障研　委員長談話を読む

「国連障害者権利委員会総括所見・教育関連の勧告事項について」（談話）

2022 年 10 月 17 日　全国障害者問題研究会全国委員長　　越野和之

　国連障害者権利委員会が 2022 年 9 月 9 日に公表した「日本の報告に関する総括所見」（以下「総括所見」）については，国内でも既に多くの見解などが示されているが，そのうちの教育に関する内容については，総括所見の趣旨と内容を適切に受けとめ，この国に暮らす障害児者・家族の権利保障に生かしていく上で，より多くの英知を集めた検討が求められている。この談話は，私たちがこうした課題に総合的に応えていくための契機となることを願って公表するものである。

❶　総括所見のうち，教育（障害者権利条約第 24 条）について言及しているのは，第 51 項（懸念事項）および第 52 項（要請）の 2 項である。これは，総括所見の「Ⅲ. 主な懸念事項と勧告」のうち，「B. 具体的な権利（第 5-30 条）」のうちに位置づくもので，このパートは条約の条文ごとに，「懸念事項」（奇数番号）を指摘した上で「勧告」（偶数番号）を示すという体裁をとっている。

　教育に関する「懸念事項」と「勧告」はいずれも (a) 〜 (f) の 6 項目からなり，「懸念事項」と「勧告」の各項目の内容は対応関係にある（**別添仮訳参照**）。各項目に短いタイトルを付すとすれば，以下のようになる。

- (a) 隔離された特殊教育の永続化への懸念とインクルーシブ教育への権利の確認
- (b) 通常の学校へのアクセスと文部科学省 4.27 通知
- (c) 合理的配慮
- (d) 通常の教育の教師の研修および意識変容

> *吹き出しの番号は,「談話」にふられた番号に対応して
> います。グレーの吹き出しは編集部です。

児嶋さん
(「みんなのねがい」編集部)

塚田さん
(「みんなのねがい」編集長)

越野さん
(全国障害者問題研究会委員長)

❶ 　本談話を執筆した全障研委員長の越野です。
　みなさんと一緒に総括所見の内容を深め,考える機会をい
ただき,ありがとうございます。
　さて,早速ですが,この部分は,総括所見の中で,教育に
関することがどこに書かれているか,どのような書かれ方
(体裁)をしているか説明しています。
　教育についての懸念事項は6つあったということです。そ
のうちの一つが「分離された特別な教育をやめるよう要請」
したと報じられました。
　本談話では,先にその他の5つの懸念事項について説明し
ています。

(e) 通常学校におけるコミュニケーション方法

(f) 高等教育

　このうちの(a)における隔離された特殊教育 (segregated special education) をめぐる記述が，日本では「分離された特別な教育をやめるよう要請」（朝日新聞 2022 年 9 月 13 日）などと報じられた部分であるが，この点 (以下 (a) 項) については後に述べることにして，まず残余の部分を概観してみよう。

　(b) では，「懸念事項」として，通常の学校における障害児の受け入れ拒否と，その背景にある，障害のある子どもを通常の学校の教育に受け入れる準備ができていないという認識および事実があげられ，それと並んで特別支援学級に在籍する児童生徒は，学校で過ごす時間の半分以上を通常学級で過ごすべきでないとする ❷ 文部科学省通知(2022 年 4 月 27 日)の問題性が指摘されている。対応する勧告内容は，障害のあるすべての子どもの通常の学校への受け入れの確保，そのための「拒否禁止（non-rejection）」条項の導入，および先の文部科学省通知の撤回である。

　(c) では，障害のある児童生徒への合理的配慮の提供が十分でないことへの懸念が示され，障害のあるすべての子どもに対し，一人ひとりの教育的要求に合致し，インクルーシブ教育を確保するための合理的配慮を保障することが求められている。

　(d) は通常教育の教職員をめぐる指摘である。ここでは，通常教育の教師のスキルの不足と否定的態度が懸念事項とされ，通常学校の教職員の研修の確保，中でも障害の人権モデルに関する意識の向上が要請されている。

　(e) は通常の学校における ❸ コミュニケーションのモードおよび方法に関する内容である。ろう児への手話教育の欠如，盲ろう児へのインクルーシブ教育の欠如などに対する懸念が示され，通常の教育環境において，さまざまな障

❷　「文部科学省通知」については本書
66 〜 70 ページを参照してください。
この「通知」に関する問題点については,
大阪の障害児教育にかかわる 6 団体でつ
くる「大阪障害児教育運動連絡会」によ
る見解（2022 年 9 月 22 日）が鋭く指摘
しています（本書 71 〜 78 ページ）。
　総括所見は,授業時数という一面的な
基準で子どもの学びの場を制限するこの
通知の撤回を求めました。一人ひとりの
教育的要求に合わせるインクルーシブ教
育とは逆行するからでしょう。

❸　越野さんに質問
です。これってすごく
大事なことですが,今すぐには
実現できませんよね？　盲ろう児
とやり取りをすることって,一朝一
夕にはできないし。子どもととと
もに教師が育つ時間も必要だ
と思うのですが。どうで
しょうか？

③　教師が育つ時間とは,つまり,
これが実現するまでのタイムラグの
ことですよね。すごく大事な視点
です。総括所見では,分離教育の
「perpetuation」が懸念されていま
す。この単語は報道では「存続」な
どと訳されていますが,私は「永続化」
と訳すべきだと思うのです。権利委
員会は,分離教育が永続化すること
を懸念し,そうならないように,財
政的な措置をはじめとした手だてを
国が講じなさいよ！　と言っている
わけです。
　つまり,権利委員会はこのことが
実現されるまでには,一定のタイム
ラグがあることを想定しているので
はないか。その時間を踏まえた段階
的な対応を行う責任が国,政府には
あるということです。

害に即した補助的・代替的コミュニケーション（AAC）のモード・方法の使用が保障されるべきことが要請されている。

　(f) は高等教育をめぐる問題である。大学入試および入学後の学修・研究プロセスの両面において，障害学生に対する社会的障壁を除去するための国レベルの政策が欠如していることが指摘され，そうした状況に対処するための包括的な政策の策定が求められている。

　以上の要約からもわかる通り，❹ (b) ～ (f) の 5 項目については，通常の学校，通常の学級を含み，さらに義務教育（ないし初等中等教育）段階のみならず，高等教育等（さらにいえば就学前の教育や社会教育，生涯学習，職業訓練等）も含んで，障害のある子ども，青年，成人の教育を受ける権利の保障，そのための諸条件の整備を求めてきた私たちの要求と一致するところであり，また，そうした各領域における教育条件を貧しいものに留め置き，障害のある人たちの学習し，発達する権利を侵害してきたこの国の教育行政に対する痛烈な批判として，心より歓迎すべき内容である。とりわけ，❺ (b) の後段で，2022 年4 月の文部科学省通知の撤回を求めていることは，通級指導のための教育条件がきわめて貧弱であり，かつ通常学級内での特別な支援の提供を可能にする条件整備も欠如している下で，それらを代替する役割を果たしてきた特別支援学級の多様な運用を否定し，必要な教育条件の整備を行わないまま，通常学級へのダンピング（投げ込み放置）を強要しようとするこの間の文部科学行政のありようへの明確な批判として，重要な内容であると言える。

　他方で，このような積極的な内容にも関わらず，総括所見は教育に関する (a) 項の内容において，障害児教育関係者に大きな衝撃を与えている。しかし，この (a) 項については，その内容そのものの理解に正確を期する必要があるとともに，それが，今回の勧告において，教育に関する内容の冒頭に位置づけられた背景についても，適切な吟味の下に理解することが必要だと私は考える。

＊AAC とは　Augmentative & Alternative Communication の略

④　　高等部以降の教育が十分に保障されていないことを感じます。18 歳以降の教育があれば，小学部，中学部の教育のあり方も変わると思うのです。でも，正直，障害者権利条約や総括所見がどこまで現場によい影響をもたらしてくれるのか…日々の実践で精一杯な私たちにとって，総括所見は，どんな意味があるのでしょうか？

④　　国際条約の批准という行為は，国として，条約を，憲法に次いで上位の法規範として受け入れ，国内外に宣言することを意味します。総括所見でこれほどの懸念事項が書かれること自体，国の不誠実さが表れています。現場の先生は，国は，国際的に見て，とてもおかしいことをしているという認識をもってよいと思いますよ。

④　確かに越野さんの言う通りですね。教師は，日本国憲法，国際条約，法律のもとで働いています。国，教育行政の不誠実さにより，現場は本当に疲弊し，この総括所見を読む時間すらありません。でも，あきらめてはいけないし，おかしいことはおかしいと訴えていかないと，現実は変わりませんね。

❺　　　総括所見は，日本の特別支援教育が「特殊教育」から変わっていないことへの痛烈な批判と読むべきです。本来，特別支援教育は，障害のある子は機械的に特別支援学校へ，障害のない子は通常学級へという固定的な対応を乗り越えるはずのものでしたが，現実はそうなっておらず，教師や保護者，何よりも子どもたちがつらい思いをしています。
　　ここからは，「分離された特別な教育の永続化」を懸念している部分（ａ項）について記載しています。一緒に確認していきましょう。

先にも述べたとおり，日本の報道では，原文の segregated special education が，「分離された特別な教育」と訳されたことなどにより，特別支援学校や特別支援学級における教育全般について，その「存続」(perpetuation) そのものが懸念の対象とされ，それを「やめる」(cease) ための国家行動計画の策定等が求められたとする理解が基調であるが，それは果たして妥当だろうか。

❻　日本政府が提出した障害者権利委員会への報告では，「特別支援教育」は special needs education と訳され，特別支援学校や特別支援学級についてもそれぞれ，special needs education school や special needs education classes などの語が充てられている。しかし，これらの用語は，総括所見では1カ所（懸念事項の (a) 後段）を除き採用されていない。このことは，一方では生硬な和製英語が避けられたということでもあろうが，もう一方では，日本の特別支援教育は，権利委員会の目から見ると，引き続き special education （特殊教育）の性格を脱しているようには見えない，という認識をも示しているように思われる。

　特別支援教育のキャッチコピー「障害の種別と程度に基づいて特別な場で行う特殊教育から，障害のある子ども一人ひとりのニーズを把握し，適切な指導と必要な支援を行う特別支援教育へ」にも関わらず，日本では相変わらず，障害に応じた特別な指導・支援は，特別な場（特別支援学校，特別支援学級，通級指導教室）以外には用意されず，しかもこれらの特別な場は，通常の教育から segregate（隔離）されたものであることも少なくない。特別支援教育の成果を主張する政府報告にもかかわらず，こうした状況は改められないどころか，「特別な場」で学ぶ子どもの数は増え続けており，それは通常学校・通常学級が，障害のある子どもへの排除圧力を強め続けていることと深く結びついている。日本政府は，2007 年からの特別支援教育の開始，2013 年からの就学先決定手続きの変更などを持って，「インクルーシブ教育システム」の確立・推進を言うが，それは，特別な場で学ぶ子どもの数の著増状況が明白に示すように，

⑥ 本書15，16ページで佐野さんも書いていますが，総括所見は，国が提出した報告書とパラレルレポートをもとにして書かれたものです。国の報告書（英語）では，日本の特別支援教育は「special needs education」と表記されていました。しかし，総括所見では，その用語は1ヵ所しか採用されていません。

私は，このことが重要だと考えています。権利委員会は，国の報告書，パラレルレポートを踏まえ，日本の特別支援教育は，未だに special education（特殊教育）であると批判しているのではないかと思うのです。

?

⑥ 基本的なことを教えてください。special education（特殊教育）ってどういう教育のことを言うのですか？

⑥ 特殊教育には二つの意味があります。一つは「特殊教育制度」，もう一つは「差別としての特殊教育」です。順番に説明していきますね。

「特殊教育制度」とは，障害のある子どもたちは，障害の種別と程度によって特別な場で教育を受けなければならないとする制度です。言い換えれば，通常学級には，障害のある子はいないことを前提にした制度です。特別支援教育は，これを乗り越えるはずのものでした。実際には先ほども指摘した通り，まったく乗り越えていないわけですが。

実効性を持ち得ていない。

　権利委員会が，「特殊教育の永続化（perpetuation）」という表現を用いて
懸念を示したのは，この国の特別支援教育のこうした状況に対してなのであり，
それを転換するためにこそ，総括所見は，条約の締約主体であり，その実行に
責任を持つ日本政府に対して，インクルーシブ教育への権利を認めることを求
め，具体的な目標，時間枠および十分な予算措置を伴った国レベルの行動計画
の策定を求めた，ということなのではないだろうか。

❼　一方，これに対する日本政府の反応は不誠実といわざるを得ないものである。
永岡文部科学大臣は，記者会見での総括所見に関する質問に対して，「特別支
援教育を中止することは考えていない」，「〔2022年4月の〕通知は…むしろイ
ンクルーシブを推進するもの」，「勧告で撤回が求められたのは大変遺憾」など
と述べるに止まった（2022年9月13日永岡文科大臣記者会見録）。そこには，
総括所見の指摘やその趣旨を真摯に受けとめて，特別支援教育の制度や施策を
再検討する構えは感じられず，ましてや，通常学校・学級の教育，たとえば教
員配置や学級規模をはじめとする教育条件，あるいは，「過度に競争的な制度
を含むストレスフルな学校環境」（国連・子どもの権利委員会，2019）と批判
される教育課程行政を含む教育環境等を改める姿勢は皆無であった。

　私たちは，このような政府答弁などをして，特別支援教育の存続などととら
え，胸をなで下ろすことは決してできない。私たちが，障害のある子どもたち，
青年たち，仲間たちやその家族とともに求めてきたことは，特別支援教育＝特
殊教育の現状のままの存続などではなく，私たちの暮らすこの国の社会が，本
当の意味で，権利条約第24項第1項の示す「教育についての障害者の権利を
認め」る社会となることであり，その実現を確実なものとするために，日本政
府および地方自治体等をして，「インクルーシブなあらゆる段階の教育制度お
よび生涯学習」を確保することに真摯な努力を傾けるものとしていくことであ
る。総括所見における教育に関する内容は，この国の現実に即して，こうした

❼　もう一つは，「差別としての特殊教育」です。これは，私たちの先輩が批判し，闘ってきた教育であり，「権利としての障害児教育」と対比されるものです。

　　もう少し，具体的に説明しますね。「差別としての特殊教育」では，知的障害の子どもたちは，抽象的，論理的思考力に欠陥があるとされました。この子どもたちが，社会の中で生きていくためには，8時間立って働けるような体力，忍耐力や雇い主に「愛される障害者」となるための素直さを身につけていくことが求められたのです。子どもたちは，系統的な教科の教育を受ける権利を剥奪されました。これは，当時の教育基本法に書かれた人格の完成にはつながらず，ただ黙って働き，耐え忍ぶことを求める差別的な教育でした。

　　日本の特別支援教育は，たとえば「職業検定」，「18歳で100％就労を目指す教育」，「診断書があるから通常学級には受け入れない」など，隔離された特殊教育と言わざるを得ず，総括所見はそれを批判したのです。もちろん，現場の先生方は，目の前の子どもの発達を保障するために必要なことを考え，懸命に実践を続けています。誤解してはいけないことは，権利委員会はそうした現場の実践を批判しているわけではないということです。そうではなく，現場の先生方が子どもの一人ひとりの教育的ニーズ（その子の発達に必要なこと）を把握し，それを踏まえた実践を伸びやかに展開できる体制になっていないこと，つまり，現場の先生方の誠実な努力が実現できる制度的な保障がないことを批判しているわけです。国が主張する「特別支援教育」は，「差別としての特殊教育」そのものだと言っているのだと思います。

⑦よくわかりました。ところで，素朴な疑問ですが，権利委員会の人は，私たちの先輩や私たち自身が進める民主的な教育実践の中身を知っているのですか？

⑦　日本で蓄積されてきた権利としての障害児教育の中身を熟知してはいないかも知れません。ただ，障害者権利条約24条の趣旨を踏まえれば，権利委員会が，日本の特別支援教育が，先ほど述べた二つの特殊教育の性格を有したままになっていることを批判するのは自然です。18歳以降の教育を受けている知的障害者の割合が1％未満という実態，どう考えても差別ですよ。

課題の実現をはかる取り組みの重要な拠り所となるものであり，この国における障害のある人たちの教育をめぐる状況をリアルに捉え，解決すべき諸問題を考えあっていくための指針として，重要な意義を持つものであると私は理解する。

❽ なお，総括所見を以上のようなものととらえ，その実現を図る努力の過程において，「隔離された特殊教育の廃止 (cease)」という総括所見の文言が，人間の発達のすべての時期において，通常の教育環境とは相対的に区別された一切の特別な教育の場，特別な教育課程等の存在を否定するものであるのか，それは果たして，条約第24条第1項の示すインクルーシブ教育の三つの目的の実現に資するものであるのかどうかということについての，建設的で実りある対話が求められよう。この国には，障害のある子ども，青年の人間としてのゆたかな発達の実現を期してとりくまれてきた，特別支援学校，特別支援学級等における教育実践の豊富な蓄積があり，その発展を期す真摯な努力がある。それは歴史的にみれば，通常の教育環境とは相対的に区別された教育の場および教育課程等の存在を前提として成立し，発展してきたものである。障害を理由に，特別な教育での場を強要されることは，換言すれば通常の教育環境からの排除に他ならず，そうした事態は根絶されなければならない。しかし，そのための努力と並んで，現存する特別な教育の場と通常の教育環境との間の物理的な隔絶をなくしていくこと，あわせて，教育目標や教育課程，教育年限や卒業後の進路保障等々，特別な場における教育に残存する差別的なとりあつかいを一つ一つ確実になくしていくことと結びながら，これらの場によって生み出されてきた，障害のある子ども・青年のゆたかな発達を確保し，その源泉となる教育実践をさらに発展させ，それを基礎づける教育条件を整えていくこともまた，「隔離された特殊教育の廃止」を展望するもう一つの道ではないか。国連障害者の権利委員会総括所見の勧告に対しては，このような論点もまた提起される必要があるものと私は考える。総括所見を期に，この国における障害のある人たちの「教育についての権利」の総合的な実現にむけて，事実に基づいた旺盛な議論がなされることを願う。

❽ 障害者権利条約と総括所見は，権利としての障害児教育を求める私たちの大切な味方であり，今後の実践や運動に活用できる大事な道具になると思うのです。今後は，権利委員会の人たちをはじめ国際約にも日本の中で豊かに蓄積されてきた障害児教育の実践を知ってもらうための誠実な働きかけが必要になると思います。

⑧ 確かにそうですね。談話に書かれている「建設的で実りある対話」の相手は，権利委員会の人たちのことを意味しているのですね。

⑧ 今回，国内の障害者団体や関係する人々が互いに努力し，つながり，JDFとしてパラレルレポートを作成し，権利委員会に提出しました。この過程そのものも建設的な対話です。

障がい者制度改革推進会議の一次意見の中にも，障害を理由に通常学校から排除しない原則と並んで，本人や保護者が望む場合には，特別な学校，学級での学びを保障することが書かれましたよね。これが日本の国内的な障害者運動の合意です。

こうした国内での実りある建設的な対話を，国際的にも推し進めていくことが今後，より必要になるのではないかと考えています。

塚田編集長　　総括所見は，政府に対する勧告であり，現場の教育実践を否定するものではないことがよくわかりました。越野さんも指摘しているように権利委員会の人たちは，日本の障害児教育の現場の中で，どれほどきめ細やかで豊かな実践がされているかを知らないわけですよね。だからこそ，私たちがしっかりと伝えていかなければならないのだと感じました。

　障害者権利条約では，「私たち抜きに私たちのことを決めないで」というスローガンがあります。これは，教育についても言えることですよね。学校で学んでいる子どもたちや保護者，教師をはじめとした関係者の声は無視できないはずです。今，気になっていることは，教育環境の整備が不十分なまま，障害のある子どもを通常学級に入れる，社会に適応させるような教育，いわば，インテグレーション的な教育が進んでいないかということです。障害のある子どもと障害のない子どもが同じ場にいれば互いに理解できるということではないはずですよね。

越野委員長　　子どもたちの認識の発達に即した系統的な教育が大事だと思います。障害のある子どもたちのどんな姿を通常学級の子どもたちに見せていくのか。「いろいろなことができない△△さん」，「お世話をされることが多い○○君」ではなく，その子にあった課題やその子の力がのびのびと発揮できるとりくみを通して，互いに喜び合い，楽しめるような時間を組織することが大事です。そうした時間の中で，障害のある子どもたちがゆっくりと，でも確実に変わっていく姿を見て，実感することで，通常学級の子どもたちも育っていくのではないでしょうか。

　そのためには，やはり，特別な教育課程，障害をもつ子ども同士の集団が必要であり，相対的に分離した教育の場が重要になります。幼稚部から大学までずっとではなくても，発達期のある時期には分離した場が求められる場合があるでしょう。しかしその分離した教育の場で，「職業検定」，「100％就労」，「社会に適応するためのスキル教育」など，その子の発達に合わせた系統的な教育とはほど遠いことが行われていては，本来のインクルーシブ教育のあり方を考えることができません。

　子どもや保護者のねがいに柔軟に対応できる制度とし，子どもたちの社会の主人公としての発達を実現する教育内容が保障されること。障害者権利条約や総括所見を生かして，柔軟性のある教育制度をつくりあげていくことが，今の私たちに求められていることだと思います。

【資料】国連障害者権利委員会「日本の第1回政府報告に関する総括所見」教育関係の内容（第51項および第52項）の仮訳（第2版）

2023年3月18日　越野和之

　以下の表は，2022年10月15日付で公表した標記第51項および52項に関する仮訳の改訂版である。10月15日付のものは，2022年9月9日公表の英文（速報版）に基づくものであり，またもっとも早くに示された日本語訳として機械翻訳版を併記していたが，その後英語正文の確定版（10月7日付）が公表されたので，英文はそちらを示し，あわせて外務省仮訳が公表されたのでこれを併記した。なお，「懸念事項」を示す第51項と，「要請」（勧告内容）を示す第52項の対応関係を踏まえ，表の左側に第51項の記載を，右側に第52項の記載を配したことは前の版と同様である。各項目の上段には英語正文を，中段には外務省による仮訳を配し，下段に拙訳を示している。なお訳出にあたっては，機械翻訳のほか，窪島務氏による訳，荒川智氏による訳を参照した。

＊「要請」（第52項）主文では「持続可能な開発目標」（SDGs）とそのターゲットならびに指標への言及があるが，これらについては読者の理解を深める趣旨で，［　］内にその記載内容（外務省訳）を補った。

＊日本国内で定着した訳語等がある語については，原文の用語の直訳によらず，国内で定着した用語を充てた。一例として ministerial notification は「文部科学省通知」，alternative and augmentative modes and methods of communication は「補助的・代替的コミュニケーションのモードと方法」など

	懸念事項（第51項）	要請（第52項）
主文	51. The Committee is concerned about:	52. Recalling its general comment No. 4 (2016) on the right to inclusive education, and target 4.5 and target 4.a of the Sustainable Development Goals, the Committee urges the State party to:
	51. 委員会は，以下を懸念する。	52. 障害者を包容する教育（インクルーシブ教育）に対する権利に関する一般的意見第4号（2016年）及び持続可能な開発目標のターゲット4.5及び4(a)を想起して，委員会は以下を締約国に要請する。

		52. 委員会は，インクルーシブ教育の権利に関する一般的意見第 4 号（2016 年）および持続可能な開発目標（SDGs）のターゲット 4.5［2030 年までに，教育におけるジェンダー格差を無くし，障害者，先住民及び脆弱な立場にある子供など，脆弱層があらゆるレベルの教育や職業訓練に平等にアクセスできるようにする］および［SDG グローバル指標］4 (a)［子供，障害及びジェンダーに配慮した教育施設を構築・改良し，全ての人々に安全で非暴力的，包摂的，効果的な学習環境を提供できるようにする。］を想起し，締約国に対し，次のことを強く要請する。
(a) 隔離された特殊教育の廃止	(a) The perpetuation of segregated special education of children with disabilities, through medical-based assessments, making education in regular environments inaccessible for children with disabilities, especially for children with intellectual and/or psychosocial disabilities and those who require more intensive support; as well as about the existence of special needs education classes in regular schools;	(a) Recognize the right of children with disabilities to inclusive education within its national policy on education, its legislation and its administrative arrangements, with the aim of ceasing segregated special education, and adopt a national action plan on quality inclusive education, with specific targets, time frames and a sufficient budget, to ensure that all students with disabilities are provided with reasonable accommodation and the individualized support they need at all levels of education;
	(a) 医療に基づく評価を通じて，障害のある児童への分離された特別教育が永続していること。障害のある児童，特に知的障害，精神障害，又はより多くの支援を必要とする児童を，通常環境での教育を利用しにくくしていること。また，通常の学校に特別支援学級があること。	(a) 国の教育政策，法律及び行政上の取り決めの中で，分離特別教育を終わらせることを目的として，障害のある児童が障害者を包容する教育（インクルーシブ教育）を受ける権利があることを認識すること。また，特定の目標，期間及び十分な予算を伴い，全ての障害のある生徒にあらゆる教育段階において必要とされる合理的配慮及び個別の支援が提供されることを確保するために，質の高い障害者を包容する教育（インクルーシブ教育）に関する国家の行動計画を採択すること。
	(a) 障害のある子どもに対する隔離された特殊教育の永続化。医学に基礎づけられたアセスメントを介して，障害のある子ども，とりわけ知的障害や心理社会的障害，または集中的な支援を必要とする子どもが，通常の環境における教育にアクセスできないようにしていること。通常の学校のうちに存在する特別支援学級も同様である。	(a) 国の教育政策，立法および行政措置において，障害のある子どものインクルーシブ教育への権利を認め，隔離された特殊教育の廃止をめざすこと。教育のあらゆる段階において，障害のあるすべての［幼児・児童］生徒［・学生］が，必要な合理的配慮と一人ひとりに応じた支援を確実に受けることができるようにするために，質の高いインクルーシブ教育に関する，具体的な目標，時間枠および十分な予算措置を伴った国レベルの行動計画を採択すること。

	懸念事項（第 51 項）	要請（第 52 項）
(b) 通常の学校へのアクセスと4・27通知	(b) Children with disabilities being denied admittance to regular schools due to their perceived and actual unpreparedness to admit them, and the ministerial notification issued in 2022 according to which students enrolled in special classes should not spend their time in regular classes for more than half of their school timetable;	52. Ensure access to regular schools for all children with disabilities, and put in place a "non-rejection" clause and policy to ensure that regular schools are not allowed to deny regular school for students with disabilities, and withdraw the ministerial notification relating to special classes;
	(b) 障害児を入学させる準備が整っていないとの認識とその事実による普通学校への入学拒否。また 2022 年に出された特別学級の児童生徒が在校時間の半分以上を普通学級で過ごさないようにするとの大臣通達があること。	(b) すべての障害児の普通学校への通学を保障し、普通学校が障害児の普通学校を拒否することを許さない「不拒否（non-rejection）」条項と方針を打ち出し、特殊学級関連の大臣告示を撤回すること。
	(b) 障害のある子どもが通常学校での受け容れを拒否されていること。それを規定する、障害のある子どもを通常の学校に受け容れる準備ができていないという認識、および実際に準備ができていないこと。特別［支援］学級に在籍する［児童］生徒は、学校で過ごす時間の半分以上を通常学級で過ごすべきではないとする 2022 年に発出された文部科学省通知。	(b) 障害のあるすべての子どもの、通常の学校への受け容れを確保すること。通常の学校による障害のある［児童］生徒の就学拒否を許容しないために「拒否禁止」条項と方針を導入すること。特別［支援］学級に関する文部科学省通知は撤回すること。
(c) 合理的配慮	(c) The insufficient provision of reasonable accommodation for students with disabilities;	(c) Guarantee reasonable accommodation for allchildren with disabilities to meet their individual educational requirements and to ensure inclusive education;
	(c) 障害のある生徒に対する合理的配慮の提供が不十分であること。	(c) 全ての障害のある児童に対して、個別の教育要件を満たし、障害者を包容する教育（インクルーシブ教育）を確保するために合理的配慮を保障すること。
	(c) 障害のある［児童］生徒への合理的配慮の提供が十分でないこと。	(c) 障害のあるすべての子どもに対して、一人ひとりの教育要求に合致し、インクルーシブ教育を確保すための合理的配慮を保障すること。
(d) 通常教育の教師の研修および意識変容	(d) The lack of skills of, and the negative attitudes to inclusive education of, regular education teachers;	(d) Ensure the training of regular education teachers and non-teaching education personnel on inclusive education and raise their awareness about the human rights model of disability;
	(d) 通常教育の教員の障害者を包容する教育（インクルーシブ教育）に関する技術の欠如及び否定的な態度	(d) 通常教育の教員及び教員以外の教職員に、障害者を包容する教育（インクルーシブ教育）に関する研修を確保し、障害の人権モデルに関する意識を向上させること。

	懸念事項（第51項）	要請（第52項）
	(d) 通常の教育を担当する教師のインクルーシブ教育に関するスキルの不足および否定的な態度。	(d) 通常学校の教師および教師以外の教育職員のインクルーシブ教育に関する研修を確保し、障害の人権モデルについての彼（女）らの意識を高めること。
(e) 通常学校におけるコミュニケーション方法	(e) The lack of alternative and augmentative modes and methods of communication and information in regular schools – including sign language education for deaf children, and inclusive education for deafblind children;	(e) Guarantee the use of augmentative and alternative modes and methods of communication in regular education settings, including of Braille, Easy Read, and sign language education for deaf children, promote the deaf culture in inclusive educational environments, and ensure access to inclusive education for deafblind children;
	(e) 聾（ろう）児童に対する手話教育，盲聾（ろう）児童に対する障害者を包容する教育（インクルーシブ教育）を含め，通常の学校における，代替的及び補助的な意思疎通の様式及び手段の欠如。	(e) 点字，「イージーリード」，聾（ろう）児童のための手話教育等，通常の教育環境における補助的及び代替的な意思疎通様式及び手段の利用を保障し，障害者を包容する教育（インクルーシブ教育）環境における聾（ろう）文化を推進し，盲聾（ろう）児童が，かかる教育を利用する機会を確保すること。
	(e) 通常学校でのコミュニケーションならびに情報［提供］において，補助的・代替的なモードや方法が欠落していること。ろう児への手話教育の欠如および盲ろう児へのインクルーシブ教育の欠如を含む	(e) 通常の教育環境において，補助的・代替的コミュニケーションのモードと方法の使用を保障すること。そこには点字，イージーリード［文字を読むのが困難な人が理解しやすいように，文字情報を提示する方法］，ろう児のための手話教育，インクルーシブな教育環境におけるろう文化の推奨・促進，ならびに盲ろう児のインクルーシブ教育へのアクセスを含む。
(f) 高等教育	(f) The lack of a national comprehensive policy to address barriers for students with disabilities in higher education, including for university entrance exams and for the study process.	(f) Develop a comprehensive national policy addressing barriers for students with disabilities in higher education, including for university entrance exams and for the study process.
	(f) 大学入学試験及び学習過程を含めた，高等教育における障害のある学生の障壁を扱った，国の包括的政策の欠如。	(f) 大学入学試験及び学習過程を含め，高等教育における障害のある学生の障壁を扱った国の包括的政策を策定すること。
	(f) 高等教育における障害学生への社会的障壁に対処するための国レベルの包括的な政策の欠如。大学入試および［入学後の］学修研究プロセスの両者を含む。	(f) 高等教育における障害学生への社会的障壁に対処するための国レベルの包括的な政策を策定すること。それは，大学入試と［入学後の］学修研究プロセスの両者を含むものであること。

2　特別支援学校の現状と課題

児嶋芳郎

　2021年9月24日，障害児の家族や教職員，関係者の十数年に渡る粘り強い運動によって，特別支援学校設置基準（以下，設置基準）が公布されました。設置基準制定を求める運動では，「特別支援学校の教育環境が悪化し続けているのは，特別支援学校にのみ設置基準が制定されていないからだ」と訴えてきましたが，家族や教職員などの本質的な願いは，「子どもたちによりよい教育を受けさせたい」「より豊かな教育実践を行いたい」「そのための教育環境の充実を」というものだったのではないでしょうか。

　2022年9月9日，国連障害者権利委員会は「日本の報告に関する総括所見」（以下，総括所見）を公表しました。これを受け，永岡文部科学大臣は定例記者会見で，従来の特別支援教育を変更する方針はないと述べました。これではたして，総括所見を生かした家族や教職員が求める，根本的な特別支援学校の教育環境の改善を実現できるのでしょうか。

1　特別支援学校の教育環境の現状

(1) 児童生徒数の推移と現状

　日本では少子化が進み，通常学校の在籍児童生徒数は，この20年余で約80％にまで減少しています[1]。一方，特別支援学校の在籍児童生徒は，1988年度まで増加し続け，その後96年度まで一旦減少し，97年度以降再び増加し始め，2005年度からは激増しています[2]。

　特別支援教育が制度上スタートした2007年度には10万6,520人，22年度14万7,432人と，22年度の児童生徒数は，96年度の174％，07年度の138％，12年度の115％になっています。

　この間，知的特別支援学校の高等部の在籍生徒の増加が指摘されてきました

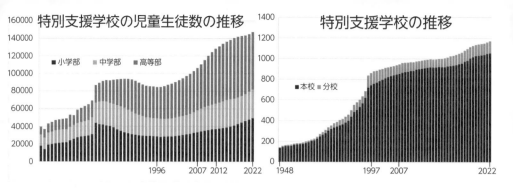

特別支援学校の児童生徒数の推移

■小学部 ■中学部 ■高等部

特別支援学校の推移

■本校 ■分校

が，近年高等部の在籍者数は横ばいです。代わって，2016年度ごろからは小学部の児童数が増え，21年度からは中学部の生徒数が増える傾向です。

(2) 特別支援学校数の推移と現状

　特別支援学校（2006年度までは盲・聾・養護学校）の設置数は，1948年度には138校でしたが，養護学校義務制実施の79年度には，前年度より152校増加して837校になりました。その後は微増が続き，07年度1,013校，22年度1,171校です（国立45校，私立15校を含む）。在籍児童生徒数の伸びに比した設置校の増加が見られず，1校あたりの平均在籍児童生徒数は96年度約87人から22年度約126人へと大きく増加しています。

　特別支援教育の在り方に関する調査研究協力者会議（以下，調査研究協力者会議）が2003年3月に発表した「今後の特別支援教育の在り方について（最終報告）」では，「…障害のある児童生徒の教育の基盤整備については，全ての子どもの学習機会を保障するとの視点から，量的な面において概ねナショナルミニマムは達成されているとみることができる」と述べました。しかし，その時点で特別支援学校の過密問題は深刻な状況にあり，「学校不足」が指摘されていました。目の前の子どもたちの教育環境に目を向けることなく，あわせて教育環境の整備を「ナショナルミニマム」の達成でよしとする姿勢に公的責任に対する認識の低さを感じます。

　調査研究協力者会議は特別支援学校の在籍児童生徒数が少子化と比例して減少していくと認識していたと推察できますが，相反して，その後の特別支援学校在籍者数は激増します。「学校不足」に真摯に向き合わなかった教育行政の

姿勢が，教育環境を悪化させてきたのです。

(3) 学級数の推移と現状

　特別支援学校に設置されている小・中・高等部の学級数を見ると，養護学校義務制実施の 1979 年度には小学部 9,171，中学部 4,657 学級，高等部 2,728（計 1 万 6,556 学級）だったものが，22 年度には小学部 1 万 4,325 学級，中学部 9,008 学級，高等部 1 万 2,737 学級（計 3 万 6,070 学級）です。79 年度と比較すると約 2.2 倍になっています。

　近年，小学部及び中学部は一貫して増加しています。96 年度には 1 校平均約 23 学級だった設置学級数が 22 年度には約 31 学級になっています。学校数の増加に比べ，学級数の増加が著しく，特別支援学校の課題・過密状況の悪化を示しています。

2　教室不足・教員不足の現状

　特別支援学校の教育環境は，大きく物理的環境と人的環境の二つの側面から考えていく必要があります。それぞれについて，教室不足と教員不足という観点から，現状を見ていきます。

(1) 教室不足の現状

　文部科学省は 2022 年 3 月 1 日に，「公立特別支援学校における教室不足調査の結果について」を公表しました。調査結果の概要として，「全国で 3,740 教室の不足が生じている。…全国的には 578 教室増加している」と述べていて，文部科学省の見解としては 3,740 教室の不足だとしています。しかし，この数字は鵜呑みにはできません。

　調査結果を詳しく見ると，児童生徒等の増加に伴う一時的な対応をしている教室が 7,125 あることが示されています。一時的な対応とは，仮設建物借用教室（772 教室），特別教室の転用（1,915 教室），管理諸室の転用（415 教室），教室の間仕切り（1,673 教室），体育館・廊下等の間仕切り（92 教室），倉庫・準備室等の転用（239 教室），その他の対応（2,019 教室）です。

文部科学省が不足教室数として挙げている数字は，7,125 の「一時的な対応」教室の内，「授業の実施に支障が生じており，今後整備する必要がある教室数」と回答された教室数（2,860 教室）に，「今後必要が見込まれることから，新たに整備が必要な教室数」と回答された教室数(880 教室)を合計したものです。ところで，文部科学省自身が「一時的な対応」としている特別教室の転用や教室等の間仕切りを，教育行政が「不足教室」としないことは妥当なのでしょうか。また，教室不足が数十年も常態化し，教室不足を前提として教育実践が構想されていることで，実践現場で「授業の実施に支障」の認識の閾値が下がっていることが懸念されます。

2019 年度から 21 年度にかけて，不足教室数は 578 増加しています。「一時的な対応」をする教室すら各学校にはなくなっているのだと考えられます。また，文部科学省は「令和 6 年度までに解消が計画されている室数」は 969 教室で，24 年度以降も約 3,000 教室が不足するとしています。

21 年度調査の結果を確認すると，小学部では 1,283 教室（9.1％），中学部 752 教室（8.5％），高等部 812 教室（6.3％）が文部科学省の見解では不足しています。小学部，中学部の教室不足がより深刻な状況だと言えます。

(2) 教師不足の現状

文部科学省は，2022 年 1 月に「「教師不足」に関する実態調査」の結果を公表しました。同調査の結果を見ると，特別支援学校では 205 人不足しており，教師不足が生じている学校数は 142 校でした。また，同調査では教師の雇用形態も公表されています。正規教員が 81.43％，臨時的任用教員 16.92％，非常勤講師 1.66％ですが，正規教員としてカウントされている教員には再任用教員（フルタイム＋短時間）も含まれており，全教員の内約 2 割が有期雇用でした。

3　必要となる学校施設・設備の整備

特別支援学校設置基準では，「校舎に備えるべき施設」として，「少なくとも」とした上で，①教室（普通教室，特別教室等とする。ただし，幼稚部にあって

は，保育室及び遊戯室とする），②自立活動室，③図書室（小学部，中学部又は高等部を置く特別支援学校に限る），保健室，④職員室，を示し，その他に⑤必要に応じて，専門教育を施すための施設を備える，としています。しかし，この記述では①教室（普通教室，特別教室等）としていますが，具体的にどのようなものが特別教室等として必要となるかは不明確です。

特別教室等について具体的に示された文書として，文部科学省大臣官房文教施設企画防災部（以下，施設企画防災部）の「特別支援学校施設整備指針」（以下，整備指針）があります。

(1) 特別支援学校施設整備指針の概要

施設企画防災部によると，「学校整備指針」は，「学校教育を進める上で必要な施設機能を確保するために，計画及び設計における留意事項を」示したものです。「はじめに」では，「既存施設の改修を含めた学校施設の今後の整備に際し，（中略）幼児児童生徒の教育の場にふさわしい豊かな環境が全国で形成されていくことを切に願う」と述べています。

(2) 特別教室等の種類

整備指針の第4章には，特別支援学校に整備する必要のある特別教室等及び設備について示しています。そこには「普通教室」の他に，多目的教室・プレイルーム等や理科関係教室，生活科のための施設，音楽関係教室，図画工作・美術・工芸・書道関係教室，など20種類以上が示されています。

整備指針でそれらを示しているということは，教育行政は児童生徒の実態に応じた多様な学びを確保するには多様な施設・設備が必要だと認識しているということであり，教室不足の解消のためだとしても安易に特別教室や廊下などを普通教室に転換している現状は，「児童生徒の教育の場にふさわしい」環境ではないと，教育行政自身が認識しているということではないでしょうか。

文部科学省は，特別支援学校設置基準を既設校に直ちに適用することは考えていないとの姿勢を示しています。一方，整備指針は「既存施設の改修を含めた」と述べているように，既設校にも適用することを求めています。既存施設

への設置基準の適用を行うとともに，整備指針を現状の教育実践現場が抱えている困難を解消する方向性を取り入れて改善し，絵に描いた餅としないように根本的な予算措置を教育行政の公的責任として行わなければなりません。

4　施設・設備の改善の方向性

(1) 過密・過大化の影響

　豊かな教育実践が展開できるように，よりよい教育環境整備を進めていくためには，一刻も早い過密・過大化の解消が求められます。過密・過大化は一体的に論じられますが，過密は物理的環境の側面，過大は人的環境の側面から，個別に考える必要もあります。

　学校設置時に想定していた児童生徒数以上が在籍することによって，普通教室が不足し，その解消のために特別教室の普通教室への転用や普通教室の間仕切りなどが行われます。それでも足りない場合にはプレハブ校舎の建設などの増築が行われ，増築は多くの場合，運動場などにされるため，普通教室は増えたとしても，運動場面積は狭くなります。これらの状況によって，教育実践の内容は狭められる実態が，多くの実践現場から報告されています（例えば，音を出さない音楽，廊下での体育など）。

　また，特別支援学校の教育実践では，学級集団だけではなく，教科学習では学習課題別グループなど，多様な集団編成で学習が展開されます。しかし，使用できる教室の数に限定があることで，児童生徒の課題から出発するのではなく，教育環境に規定された集団編成とならざるをえない場合もあります。過密化は，中心的には物理的側面から教育実践を限定するのです。

　一方過大化は，特別支援学校の教育実践を人的側面から限定します。特別支援学校では，小学部から高等部までの12年間を見通した教育が保障される点がメリットとしてあります。子ども一人ひとりの成長の過程も見ながら，全校の子どもの実態を教員が把握して長期にわたって，教員同士が連携しながら関わっていきます。しかし，過大化した特別支援学校では，このような営みは困難です。

　また，「公立義務教育諸学校の学級編制及び教職員定数の標準に関する法律」

及び「公立高等学校の適正配置及び教職員定数の標準等に関する法律」の規定では，学校規模（学級数）が大きくなるほど教員の配置割合が少なくなります。過大化は教員の配置状況を悪化させ，人的側面から教育実践を限定するのです。

(2) 過密・過大化の解消の方向性

　実践現場での過密・過大化は文部科学省が公表するような状況よりも実際は深刻で，その解消は喫緊の課題です。

　過密・過大化の解消のためには，特別支援学校の新設を大幅に行うことが必要です。学校教育法施行規則第41条には小学校の設備編制として「小学校の学級数は，12学級以上18学級以下を標準とする」と，標準の学級数が示されており，これ以上の学級数になった場合には，分離・新設や通学区の見直しが行われることになります。しかし，特別支援学校にはこの規定がなく，在籍児童生徒が教育実践の展開に影響を与えるほど増加しても，根本的な解消の方向である分離・新設が行われない要因のひとつになっています。障害のない子どもたちとの公平といった観点からも，最低でも特別支援学校においても1学年3学級以下という標準を規定する必要があります。

　学級数を示すことで校舎に備えるべき普通教室の数を明確にすることができ，過密・過大化をきたさないことができます。なお，これは上限を設定するものであり，地域の状況に応じた小規模の特別支援学校も必要です。

(3) "のりしろ" のある環境整備を

　学級数は年度によって増減があります。特別支援学校の学級数の標準を規定したとしても，柔軟な対応ができるように普通教室を，余裕をもって整備しておく必要があります。それに加えて，整備指針で示されている特別教室を設置する校舎を整備することで，物理的環境に限定されない教育実践を展開することができます。物理的環境に限定されない多様な学習集団の編成が可能となるためには，過密化や教室不足を解消するという観点を越え，"のりしろ" のある教育環境の整備をめざしていく必要があるのではないでしょうか。

(4) 新設・分散化の方向性

　現状の児童生徒の激増に対して，各自治体の教育行政は，知的障害特別支援学校高等部の拡充に焦点を当て，高等学校の空き教室を利用しての分教室や分校の設置を進めてきました。しかし，分教室は本校の学級数に算入されるため，過密化は解消されても，過大化を解消することはできません。また，現状では小・中学部の児童生徒数の増加が顕著で，教室数の不足も深刻であり，小・中・高等部を設置する特別支援学校の新設をめざす必要があります。

　文部科学省が 2015 年に発表した「公立小学校・中学校の適正規模・適正配置等に関する手引」では，小学校で 4 km，中学校で 6 km 以内という通学距離の基準を示し，通学時間が 1 時間以内の範囲に義務教育段階の学校を配置することが適正であり，通学時間が 1 時間以内の場合には，児童生徒のストレスが大幅に増加しないとしています。しかし，特別支援学校の場合は，身体的な障害が重い肢体不自由特別支援学校に通う児童生徒がスクールバスに 1 時間以上も乗車して通学している状況も少なくなく，これは障害のない児童生徒との公平という観点からも解消されるべきです。特別支援学校の新設は，過密・過大化の解消に留まらず，分散化も進められなければならないでしょう。

　文部科学省は，特別支援学校の教室不足の解消のために，既存施設を特別支援学校へと改修する事業について，2020 年度から 24 年度までを「集中取組期間」として，国庫補助率を 3 分の 1 から 2 分の 1 に引き上げています。しかし，この間教室不足は悪化しており，特別支援学校の教育環境を改善するためには「集中取組期間」の延長はもとより，国庫補助率を 3 分の 2 以上へ引き上げるなど根本的な財政責任を国の教育行政が果たす必要があります。

5　教育実践の現状と課題

　総括所見は特別支援学校の教育実践に対して具体的に言及していません。ここでは，障害者権利委員会の「インクルーシブ教育を受ける権利に関する一般的意見第 4 号」（以下，一般的意見第 4 号）[3] を参照しつつ，特別支援学校における教育実践の現状と課題を考えたいと思います。

(1) 特別支援学校は重度の子どもを大切にしてきた

一般的意見第4号は，教育における直接的な排除は，「特定の生徒を『教育不可能』であり，それゆえ，教育を受ける資格がないとして分類すること」だと述べています。1979年の養護学校義務制実施前の日本は，まさにこのように直接的な排除を行っていたと言えます。しかし，家族・教職員・関係者の粘り強い運動により，現在ではどんなに重い障害があっても，希望すれば12年間の教育が保障されるようになりました。

しかも，義務制実施以降，日本の障害児教育は，教育の機会を形式的に保障することを越え，障害の重い子どもたちの教育を充実するために教育実践のあり方を模索し，多くのことを蓄積し，障害児の教育権を実質的に保障しようとしてきました。これは世界に誇れる成果です。しかし，過密・過大化や教室不足，教員不足の現状は，そういった成果を崩しかねません。

(2) 教育実践のあり方を考える契機に

障害者権利条約24条1項（b）には，「障害者が，その人格，才能及び創造力並びに精神的及び身体的な能力をその可能な最大限度まで発達させること」と述べられています。そして，一般的意見第4号では，「障害のある人の教育では，欠陥を埋めるアプローチと，実際にある機能障害や認識されている機能障害，そして，潜在能力に対する暗黙の否定的な思い込みによる機会制限が，あまりにも注目されている」と懸念が示されています。こういった視点から，現在の特別支援学校における教育実践を振り返るとどうでしょう。

「福祉の世話になるのではなく，福祉の担い手に」と，一般就労だけをめざす高等部の教育，そしてそれを教育内容として具体化した「○○検定」の導入。さらに，それに沿うことができる児童生徒にと，小学部・中学部の教育内容まで規定される…。また，「障害特性」に配慮するということで，個別指導が過度に強調される状況。これらが教育政策として現場に押しつけられる状況が，教育現場から数多く報告されています。しかし，そこには「欠陥を埋めるアプローチと，実際にある機能障害や認識されている機能障害，そして，潜在能力に対する暗黙の否定的な思い込みによる機会制限」がないでしょうか。

これまでの蓄積をあらためて振り返り，また懐古的になるのではなく，教育実践で大切にしなければならないことは何かをあらためて捉え直し，よりよい実践のあり方を考えていかなければならないのではないでしょうか。

＊

　一般的意見第４号には「…障害のある人の教育に対する１人当たり投資額水準の低下」があるとも述べられています。これは，まさに現在の日本で進行している状況です。特別支援学校の過密・過大化，それにともなう教室不足や教員不足の問題を，教育行政は在籍児童生徒が減少していくと予想されることで，その解決を先延ばししようとしていないでしょうか。しかし，現に教育を受けている子どもたちの教育権の保障をないがしろにすることは許されません。教育行政は，現場が障害児の能力をその可能な最大限度まで発達させることができる実践を，教職員が自由に展開できるようにするとととともに，教育環境を公的責任として整備していかなければなりません。

（こじま　よしお）

【注】

1) 学校基本調査による数字です。文部科学省のホームページ（https://www.mext.go.jp/b_menu/toukei/chousa01/kihon/kekka/1268046.htm 及び https://warp.ndl.go.jp/info:ndljp/pid/11293659/www.mext.go.jp/b_menu/toukei/chousa01/kihon/kekka/1268046.htm）を参照しました。
2) 特別支援教育資料による数字です。文部科学省のホームページ（https://www.mext.go.jp/a_menu/shotou/tokubetu/1343888.htm）及び独立行政法人国立特別支援教育総合研究所のホームページ（https://www.nise.go.jp/nc/database）を参照しました。
3) 一般的意見第４号については，障害保健福祉研究情報システムのホームページ（https://www.dinf.ne.jp/doc/japanese/rights/rightafter/crpd_gc4_2016_inclusive_education.html）に掲載されている，仮訳：石川ミカ，日本障害者リハビリテーション協会，監訳：長瀬修を引用しています。

※本稿は『障害者問題研究』第51巻1号（特集・発達保障のための教育環境・学校設備）に掲載された，拙稿「特別支援学校の教育環境の現状と改善の方向性」に加筆・修正をしたものです。当該号は，障害児教育をめぐる教育環境などの現状，今後のあり方について多くの示唆を得られる内容となっていますので，合わせてお読みください。

3 インクルーシブ教育への展望

越野和之

1 この国の障害者施策の深層
—障害を理由とした隔離＝排除とその永続化

　国連・障害者権利委員会による「日本の報告に関する総括所見」は，2022年10月の全障研委員長談話でも述べたように，「分離された特別な教育の廃止」という文言によって，この国の障害児教育関係者に大きな衝撃を与えました。

　しかし，この総括所見に強い衝撃を受けたのは，教育分野の人々だけではありません。総括所見は，障害のある人たちの暮らしの場に関しても，入所施設やグループホームへの否定的な見解を示し，「居住施設に入居させるための予算の割当を，（中略）障害者が地域社会で自立して生活するための整備や支援に再配分すること」を求めていますし（条約第19条「自立した生活と地域社会へのインクルージョン」関係），労働についても，作業所（シェルタード・ワークショップ）を，「低賃金で，開かれた労働市場への移行機会が限定的」だと断じ，「作業所（シェルタード・ワークショップ）及び雇用に関連した福祉サービスから，民間及び公的部門における開かれた労働市場への障害者の移行の迅速化」を求めています。障害のある子どもの権利に関わって，「母子保健法で規定される早期発見及びリハビリテーションの制度」が，障害のある子どもの「社会的隔離」を招き，「インクルーシブな生活への展望を妨げている」という記載も無視できません（同第7条「障害のある子ども」関係）。

　これらの勧告内容は，その一つ一つについて，総括所見に示された認識の当否や妥当性を，この国の現実の制度や，今後の政策に与える影響も含めて，しっかりと吟味しなければならない性格のものです。ここでは，上記の一つ一つが，そうした重い課題を含んだ勧告であることを踏まえながらも，これらの勧告に

共通する点を考えてみたいと思います。

　上にあげた四つの勧告内容（教育，暮らしの場，労働，及び子ども）には，実は共通のキーワードがあります。その一つは，segregation（動詞形で用いられる場合は segregate）という語です。第 7 条（障害のある子ども）関係では，すでに見たように，早期発見とリハビリテーションの制度が social segregation（社会的隔離）を招く，とされています。第 27 条（労働及び雇用）に関する勧告でも，第一に指摘されるのは，（シェルタード・ワークショップ等による）障害者，特に知的障害者及び精神障害者の「分離」（segregation）です。総括所見には，segregation（もしくは segregate）の語が 5 カ所登場しますが，そのうちの 4 カ所までが，上記の「障害のある子ども」，「労働及び雇用」，そして「教育」（2 カ所）に関する箇所なのです（もう 1 カ所は精神科医療の一般医療からの「分離」（segregation）を指摘した第 25 条「健康」関係）。

　外務省仮訳では，この語の訳は一定せず，第 7 条関係の個所では「社会的隔離」とされる一方，他の個所では「分離」の語があてられています。しかし，この語を，単に分離（＝ separation）と訳してしまってよいでしょうか。総括所見では separation という語も複数回用いられています（例えば障害のある子どもの家族からの分離という文脈など）。その一方で，通例インクルージョンの反対語とされる exclusion（エクスクルージョン＝排除）は，今回の総括所見では，障害の医学モデルの永続（後述）を批判する 1 カ所でしか用いられていません。これらのことを踏まえると，勧告で用いられている segregation の語は，単なる「分離」にとどまるのではなく，明らかな権利侵害を含んだ「隔離」，あるいはより端的に，非・インクルージョン＝排除という意味で理解するべきものではないかと思われてきます。

　もう一つの共通のキーワードは perpetuation（永続もしくは永続化。動詞形は perpetuate）です。この語も 5 カ所登場します。条約の一般原則にかかわる箇所で 2 カ所，父権主義的アプローチ（a paternalist approach）及び障害の医学モデルの「永続」に対する懸念が表明されるほか，法の下の平等（法律の前にひとしく認められる権利。条約第 12 条）に関して「意思決定を代行する制度の永続」，地域での自立した生活（第 19 条）に関して種々の「施設

入所の永続」，そして教育における「隔離された特殊教育の永続」です。日本の障害者施策では，障害者に対する父権主義的アプローチと障害の医学モデルが永続，すなわち変革されずに残されており，あわせて，法的な意思決定の代行や施設入所，そして「隔離された特殊教育」が永続化して，その変革の兆しが見出せない。総括所見は，そこにこの国の障害者の権利保障上の重大な問題を見出したのではないでしょうか。

　JD（日本障害者協議会）の藤井克徳さんは，今回の総括所見の基本的な性格に触れて，この国の障害者制度の「表層」ではなく，「深層」に対する問題提起だと述べていますが（注），この「深層」に位置する問題の一つが，生活，教育，労働など，権利保障の基幹をなす諸分野における隔離＝排除の状況であり，国連・障害者権利委員会は，その永続化に対して強い懸念を示したのです。

2　初等中等教育分野における排除

　総括所見の基本的なスタンスをこのように見るとき，教育における勧告の最重点は，特別支援教育制度の存続の是非にあるというよりも，通常教育における障害のある子どもたちの排除，という問題にあるとみるべきであり，そうした状況の変革・克服こそが，インクルーシブ教育を展望するための基本課題だとみることができます。特別支援学校や特別支援学級，通級指導教室などで学ぶ子どもの数の増大は，何よりもそれが，通常学校・通常学級からの排除の結果なのではないか，という点で問題にされる必要があるのです。

　2007 年からの特別支援教育は，「障害の種別と程度に応じて特別な場で行われる特殊教育」からの転換を主張し，「障害のある子ども一人一人のニーズを把握して適切な指導と必要な支援を行う」ことを謳いあげました。しかし，実際には通常の学校・通常の学級において，「一人一人のニーズを把握し，適切な指導と必要な支援を行う」ことを可能にするための制度的基盤は，学校教育法体系のうちには整備されず，唯一新設された人的条件整備は，国から地方自治体に交付される地方交付税交付金の算定項目の一つに位置づけられた特別支援教育支援員制度でした。

　この仕組みは，地方自治体における使途を特定しない交付税措置ですので，

特別支援教育支援員の雇用や待遇は，基本的に自治体の裁量にゆだねられています。しかし，おおもとの交付税の算定基準では，支援員一人当たりの人件費は年間で200万円程度と算定されていることから，正規雇用はおろか，1日8時間の勤務時間を確保することも，現実には極めて困難であり，子どもたちが学校にいる時間だけのパートタイム雇用となっている場合が大半だと推測されます。通常学級で過ごす時間の長い子どもを特別支援学級から通常学級へ転籍させることを促した文部科学省通知（2022年4月27日）と関わって，特別支援学級在籍の継続を願う保護者が，「特別支援教育支援員の先生では，子どもと一緒に退勤してしまうので，子どもの様子を担任の先生などと共有してもらうことができない」ことを指摘しているのを耳にしたことがありますが，これは特別支援教育支援員制度の弱点を見事に言い当てたものだと思います。

　総括所見の直前に公表された中央教育審議会の答申「令和の日本型学校教育の構築をめざして」（2021年）は，その総論部分において，「学校教育の質と多様性，包摂性を高め，教育の機会均等を実現する」ことを謳っています。しかし，義務教育段階におけるこの課題に触れた「義務教育をすべての児童生徒等に実質的に保障するための方策」の項では，不登校児童生徒への対応と，義務教育未修了の学齢を経過した者等への対応が示されるのみで（いずれも重要な課題であることはもちろんですが），障害がある場合の通常学校での学びと生活の保障についてはいっさい言及がありません。障害のある子どもの教育はもっぱら特別支援教育の課題，という認識が透けて見えるかのようです。

　教員の力量形成についても見ておきましょう。上記の中教審「令和の日本型学校教育」答申の特別支援教育分野の検討を担った，「新しい時代の特別支援教育の在り方に関する有識者会議」では，「特別支援教育を担う教師の専門性の向上」を課題の一つに掲げており，その報告（2021年）では，この柱の第一項目に「全ての教師に求められる特別支援教育に関する専門性」の項を立てています。しかしその内容は具体的な提言に乏しく，もっぱら一人一人の教師に（種々の専門家に相談するなどして）「主体的に問題を解決する資質や能力」を求めるものにとどまっています。教員の養成段階についても，2019年からの新教職課程で必修化（1単位）された「特別支援教育に関する基礎的な知識」

の習得と介護等体験（2020年以降はコロナ禍の下で実施されていない場合が多い）に言及するのみで，通常学校の教師に障害のある子どもたちの発達と教育についての力量を普遍的に形成するものにはなっていません。総括所見は，教育条項の (d) 項で「通常教育の教員の障害者を包容する教育（インクルーシブ教育）に関する技術の欠如及び否定的な態度」という問題を指摘していますが，この国の教員政策は，こうした指摘に応える具体的な方針を欠いているのです。

　2000年代以降のこの国の初等中等教育は，2006年の改革教育基本法に象徴される教育政策の下で，国と経済界が求める学力の向上と規範意識の形成を，子どもたちに「義務として」求める傾向を一貫して強めてきました。また，こうした傾向の下で，この国の教師たちは，子どもたちのつらさや悲しさに寄り添い，そのねがいにこたえる教育実践を創造する自由を縮減され，加えて近年では「働き方改革」の名のもとに，子どものことを語り合い，明日の授業や教育課程づくり，学校づくりの構想を語り合う条件をも奪われてきました。さらに，同じく2000年代以降の教員人件費削減と教員雇用の「弾力化」が招いた「教員不足」の下で，本来保障されなければならない教育の人的条件すら奪われ，心身の不調をきたすほどの過重労働を強いられています。

　これらの何重にもわたる「教育の貧困」は，特別の手立てや支援を必要とする子どもたちに寄り添う条件を，学校から，教師から奪う方向で作用します。文部科学省は，この間の特別支援学校，特別支援学級等の在籍者増を「特別支援教育への理解が進んだ」ことに由来するものと説明しますが，果たして本当にそうなのか。上に述べたような，学校教育全般にわたる「教育の貧困」の進展が，通常の教育において，障害のある子どもたちへの排除圧力を高め，それらを感知した保護者などが，「わが子を守る」ための手段として，いわば緊急避難的に特別支援教育を選好しているということはないでしょうか。仮にもそういうことがあるとすれば，それは通常の学校，通常の学級からの「ソフトな排除」にほかなりません。事実に基づいた検証が求められます。

3　中等教育以後の教育における排除

　中等教育以後の教育はどうでしょうか。2022年3月の一般の高等学校の卒業者における大学・短大への進学率は60.4％, 専門学校等を含んだ進学率は83.8％で, いずれも過去最高を記録しています（学校基本調査報告書令和4年版）。これに対して, 特別支援学校高等部の場合を見ると, 卒業生21,191人中「大学等進学者」はわずかに399人（1.9％）にすぎず, 高等専修学校への進学者数を加えてもその割合は2.3％, 高等学校卒業者の場合との格差は, まさに「桁違い」です。しかも, 上の「大学等進学者」には, 大学や短期大学などの高等教育機関のみならず, 特別支援学校等の専攻科（制度上は中等教育機関）への進学者も算入されており, その人数は, 実に全体の半数近く（180人）を占めるのです。

　障害種別による格差も顕著です。視覚障害の場合の「大学等進学者」は37.1％, 聴覚障害の場合は38.0％であるのに対し（これですら, 通常の高等学校の場合の6割強に過ぎず格差は明らかです）, 肢体不自由は2.8％, 病弱は4.9％, 知的障害に至ってはわずかに0.4％にすぎません（なお, 高等学校卒業者のうちにも, 障害がある場合が含まれていると思われますが, この点については, 高等学校在籍者に占める障害のある者の人数等に関する統計がないことに由来して, 数量的な検討自体が不可能にされています）。

　1979年に養護学校教育の義務制が実施されるまでの期間, この国の学校教育制度は, 日本国憲法第26条の規定にもかかわらず, 障害の重い子どもたちを, 学校教育から文字通り排除してきました。この状態を改めてから10年を経た1980年代後半には, 後期中等教育への進学格差が大きな問題となり, 養護学校高等部希望者全入運動が全国に広がりました。そうした経過の中で, 18歳までの学校教育は, 障害があっても多くの子どもたち, 青年たちに保障されるようになりましたが, 18歳以後の教育については, 依然として, 文字通りの排除と言わざるを得ない状況が続いています。

　そしてこのことは, ひるがえって18歳までの教育にも強い影響を与えざるを得ません。特別支援学校, とりわけその高等部に見られる「18歳で100％

就労」をめざす教育は，何よりも 18 歳以降の「進学」が厳しく閉ざされている下で，一定のリアリティを与えられています。障害がある場合の後期中等教育が，青年期教育の名にふさわしいものとなっていくためにも，18 歳以後の教育からの文字通りの排除は，早急に改められなければなりません。

　2000 年代以後，とりわけ知的障害のある青年やその家族を中心に，教育年限の 18 歳以後への延長を求めて，特別支援学校高等部に専攻科の設置を求める声が高まり，しかしその制度的な整備が遅々として進まない中で，障害者自立支援法の自立訓練事業や就労移行支援事業など，障害者福祉制度を活用した「福祉型専攻科」などの取り組みが広がりを見せてきました。総括所見が求める「高等教育における障害のある学生の障壁を扱った国の包括的政策」（(f) 項）の策定は，これら「福祉型専攻科」などの実践的努力を通して得られた教訓を明らかにしつつ，そこに必要な学校教育制度としての制度的基盤を整えることと並んで追求されてこそ，障害のあるすべての青年たちに，18 歳以後の教育を保障する展望を開いていくものになるものと思われます。

4　「隔離された特殊教育の廃止」を展望するもう一つの道

　私は，全障研の委員長談話の中で，「隔離された特殊教育の廃止（cease）」という総括所見の文言は，「人間の発達のすべての時期において，通常の教育環境とは相対的に区別された一切の特別な教育の場，特別な教育課程等の存在を否定するものであるのか」という問いを立て，さらに踏み込んで，仮にそうだとするならば，「それは果たして，条約第 24 条第 1 項の示すインクルーシブ教育の三つの目的の実現に資するものであるのかどうか」とも述べました。

　総括所見と，その前提となる日本政府報告は，障害者権利条約の理念とそこに示された種々の権利を，この国において具体的に実現するためのものです（条約第 35 条および同第 36 条）。条約の謳うインクルーシブ教育は，何よりも条約に即して定義されなければなりません。私は，条約におけるインクルーシブ教育（それはとりもなおさず，その条約を憲法に次ぐ上位の法規範として受け入れたこの国におけるインクルーシブ教育）の定義とは，条約第 24 条第 1 項の三つの目的の実現に寄与する教育として定義されなければならないと考えて

います。そして，この三つの目的に寄与する教育の基礎的なイメージは，この国にあっては，私たちが，先行する世代の努力に学び，それを継承しながら半世紀以上にわたって取り組んできた「権利としての障害児教育」のうちにこそ求められるべきものだと思うのです。その多彩な取り組みは，さまざまな困難や制約の中にあっても，現行の特別支援教育制度の下で，特別支援学校や特別支援学級，通級指導などの取り組みとして多くの教訓を蓄積し，今日も日々発展させられようとしています。通常学級における障害のある子どもたちの教育も，それらの教訓に深く学ぶことを通してこそ，発展の展望が切り開かれるものだと考えられます。

　もちろん，現行の特別支援教育制度の下で，特別支援学校も，特別支援学級も，通級指導教室も，いずれも困難な条件を持たされています。特別支援学校の少なさに由来する通学困難と過大規模化（前節の児嶋芳郎さんの論考を参照してください），最大6学年にわたる複式学級編制を許容する特別支援学級制度，週8時間までという制度上の枠組みを実現することができず，実際には週1回1時間程度の取り出し指導に甘んじざるを得ない通級指導など，制度上の不備に由来する教育条件の貧しさは枚挙にいとまがありません（詳しくは本節末尾に示す文献を参照してください）。にもかかわらず，これらの特別な場における教職員の努力は，障害を持ちながら生きる子どもたち，青年たちの，人間らしく生きたいという願いを聞き取り，それにこたえる教育実践を創り出すことを通して，障害のある子どもたちの，子ども時代にふさわしい生活と，それを通した人間的な発達を実現することに，確実に寄与してきました。その基礎には，子どもたちのねがいに応えるための〈特別な教育課程〉を考案し，発展させる教師の努力があり，それに制度上の基盤を与えたのが，通常学校・通常学級とは相対的に区別される〈特別な教育の場〉の制度でした。

　通常学校からの排除や不必要な分離は一日も早く廃絶されなければなりません。しかし，そのことは，子どもたちのゆたかな発達に必要不可欠な〈特別な教育課程〉と，その基盤をなす〈特別な教育の場〉までを根こそぎ否定することではないと私は考えます。

　この国の教育行政をつかさどる文部科学省は，総括所見に対して「特別支援

教育を中止することは考えていない」などの見解を表明していますが，これは，先に述べたような，通常学校，通常学級からの排除に目を塞ぐという点で不誠実であるばかりでなく，総括所見そのものの理解においても誤りを含んでいます。総括所見は，何の計画もプロセスもなしに，いきなり「特別支援教育をやめる」ことなどを求めたのではなく，まずはインクルーシブ教育の権利の承認を（改めて）日本政府に求め，そのことを前提として「質の高いインクルーシブ教育に関する，具体的な目標，時間枠および十分な予算措置を伴った国レベルの行動計画を採択すること」を求めているのです。先の文部科学省の見解表明は，問題を「特別支援教育をやめるか否か」という二分法にすり替えることで，インクルーシブ教育への権利の承認の諾否，また「質の高いインクルーシブ教育を実現するための…国レベルの行動計画の策定」の可否という，本来政府が答えなければならない課題を隠ぺいする役割を果たしています。このような，欺瞞的ともいえる対応の問題点を注意深く見抜き，条約第 24 条をしっかりと踏まえた「質の高いインクルーシブ教育」の実現に向けて，知恵と力を集めたいと思います。そうした努力が重ねられることを通してこそ，この国におけるインクルーシブ教育の展望が開かれていくのだと私は考えています。

（こしの　かずゆき）

【注】
【座談会】総括所見の焦点と権利保障運動の課題（藤井克徳・白沢仁・越野和之）『障害者問題研究』第 51 巻第 2 号（2023）

【参考文献】
・特別支援学級の現状と諸問題については…
　越野（2019）特別支援学級制度をめぐる問題と制度改革の論点.『障害者問題研究』第 47 巻第 1 号

・通級による指導の現状と諸問題については…
　越野（2023）通級による指導の現状と論点.『障害者問題研究』第 50 巻第 4 号

Ⅲ部

学習と議論を深めるための資料

① すぐに役立つウェブページ

■全国障害者問題研究会

「障害者権利条約を考える」ページ

https://www.nginet.or.jp/box/UN/UN.html

・全障研委員長談話

・総括所見

・国連 TV （中継録画）　国連障害者権利委員会日本審査など

・関連団体，関連資料へのリンク

■日本障害フォーラム （JDF）

https://www.normanet.ne.jp/~jdf/index.html

・総括所見用のパラレルレポート等

■日本障害者協議会 （JD）

https://www.jdnet.gr.jp/report/17_02/170215.html#3

・障害者権利条約と世界の国々《JD 仮訳》

■外務省

https://www.mofa.go.jp/mofaj/gaiko/jinken/index_shogaisha.html

・障害者の権利に関する条約（略称：障害者権利条約）

(Convention on the Rights of Persons with Disabilities)

・条文，作成及び採択の経過，第1回　政府報告など

2 全障研の教育改革提言 (2010)

障害のある子どもの教育改革提言

－インクルーシブな学校づくり・地域づくり－

2010 年 3 月 3 日　全国障害者問題研究会常任全国委員会

　20 世紀後半に展開された権利としての障害児教育運動は，1979 年の養護学校義務制を実現させ，さらに後期中等教育や寄宿舎教育などの諸制度面を充実させ，最重度・重複障害児もふくめた科学・生活と結合した授業づくり，子どもの内面に寄り添う指導など，世界に誇れる教育実践を展開してきました。21 世紀に入り，特別支援教育の施策の下で，発達障害の子どもが新たな対象に加えられましたが，同時に新自由主義的構造改革と市場競争原理が障害児教育にも持ち込まれ，学校や寄宿舎の統廃合や能力主義的な管理・統制と格差の拡大が進行し，子どもの学習権・発達権が再び侵害されようとしています。

　とりわけ，特別支援学校・学級の過密化は深刻な事態をもたらしています。在籍者の増加は，一面では手厚い専門的な指導への子どもや親の期待を反映するものと思われますが，通常の教育自体が危機的な状況を抱え，障害だけでなく，いじめ・不登校・貧困や外国籍などにより学びから排除される子どもが急増していることとも密接に関係していると考えられます。

　障害のある子どもの教育の改革は，単に特別支援教育の問題でなく，通常の学校教育全体の改革，とりわけ差別と排除がなく学習参加の権利が保障されるインクルーシブな学校づくりと連動して，さらには単に学校だけでなく，すべての人が安心して暮らし活動できるインクルーシブな地域づくりの一環として展開される必要があります。そして日本国憲法，子どもの権利条約，障害者権利条約，その他の人権に関する条約や宣言の理念・精神に則ったものでなければなりません。

　全障研常任全国委員会は，すべての子どもの人権が平等に保障され，ゆたかな成長・発達，学習と生活が保障される教育の実現を目指して，以下のような改革を提言します。

1．総論

○ 権利としての教育は，「社会への完全かつ効果的な参加とインクルージョン」をめ
　ざし，全人格的な「発達を最大にする」ための，「あらゆる段階でのインクルーシ
　ブな教育制度と生涯学習」を保障するものである。
○ インクルーシブな学校づくりは，妊娠・出産から成人後までの地域で生きる権利
　が保障される地域づくりと連動し，また就学前から卒業後の生涯にわたる学習権・
　発達権保障の一環として追求される。
○ 学校教育は，すべての子どもの差異と多様性，固有のニーズとアイデンティティ
　を尊重するとともに，特別なニーズのある子どもには，すべての子どもに対する
　権利一般にとどまらず，合理的配慮（理にかなった条件整備）や特別なケア・サポー
　トへの権利を保障する。

2．インクルーシブな地域の学校をつくる

○ 過度に競争的，管理的で，多くの子どもが学習に参加できず，事実上の排除を生
　み出している現在の学校教育を抜本的に変革する。
○ 基本的に，すべての子どもに地域の小・中学校への在籍を保障し，同時に，本人
　もしくは保護者の要求に基づき，特別支援学校および特別支援学級への在籍を保
　障する。希望するすべての子どもに通級による指導を保障する。
○ 市場競争的な学校選択でも，自己責任を強いる自己決定でもなく，必要かつ十分
　な情報と相談に基づき，子どもの最善の利益のために本人や保護者が納得・安心
　して就学先を決められ，学習形態や方法を要望できる体制をつくる。
○ 教育条件を抜本的に改善するために，通常の学級を小規模化するとともに，各学
　校の学級数ないし児童生徒数に応じて，コーディネーターの定数化，専門性のあ
　る支援スタッフ，心理士，福祉士等の配置を進め，全校的支援体制を確立する。
○ 競争的学力向上政策を転換し，子ども同士の学び合いを大切にする学習のあり方
　と，ニーズの多様性に対応できる教育課程と教授法の確立を追究する。

3．特別支援教育制度を改革する

○ 喫緊の課題として，特別支援学級・学校の過密状況を解消し，教育条件を整備す
　るとともに，障害の種類・程度や能力による格差・差別をなくす。

○就学前の保育・療育・教育および後期中等教育を無償化し，希望者には高等部教育の年限延長や専攻科の教育などの修学期間延長を保障する。
○ 特別支援学校の小規模化と地域分散化を進め，安易な併置・総合化を行わず，障害種別の専門性，とりわけ盲学校と聾学校の独自性を確保する。
○すべての小・中学校に特別支援学級と通級指導教室を両方，あるいは少なくともいずれかを設置する。幼稚園から高校までの教職員定数と学級編制基準を改善し特別の指導のための教員加配を定数化する。
○センター的機能，医療的ケア，通学・移動支援などの関連サービスとそのための専門的スタッフを充実させる。
○寄宿舎教育の安易な統廃合は行わず，教育入舎や短期入舎などの教育的・福祉的機能をさらに充実させる。

４．インクルーシブな地域をつくる

○妊娠・出産から成人後まで，地域社会で安心して，人間らしく・自分らしく生きる権利を保障する。
○医療・療育・保育の制度を確立し，相談・支援体制を充実させるとともに，とりわけ早期療育の意義・必要性を踏まえ，重層的な地域療育システムを実現する。
○学齢期における，家庭，学校に続く第三の生活の場である地域社会での活動の場を保障するために，放課後・休日活動のための学童保育等の施設・機関を充実させるとともに，地域でのスポーツ・文化活動のための支援を充実させる。
○卒業後の地域における生涯学習や余暇活動の機会を保障し，そのための公的支援を充実させる。

3 全教障教部の総括所見に対する見解

国連障害者権利委員会「勧告」をうけての「見解」
障害者権利条約の理念をいかし，すべての子どもの最大限の発達を保障する教育の充実と「インクルーシブ教育」の発展を

2022 年 11 月 9 日　全日本教職員組合 障害児教育部

　2022 年 9 月 9 日，国連障害者権利委員会は，障害者権利条約締約国である日本政府への勧告を示しました。勧告は 92 項目にのぼり，日本の国内法および政策を障害者権利条約の趣旨と調和させることや，障害者への支援提供における地域間格差をなくすための立法や予算措置を講じることなどを求め，障害者をめぐるさまざまな課題を根源的に解消するべく改善を政府に求めています。また，国や自治体での政策等の決定過程に障害者代表の参加を勧告しています。これは，「私たち抜きに私たちのことを決めないで」という，長年障害者関係団体が主権者として要望してきたことが反映された勧告と言えます。日本が障害者権利条約を批准して約 8 年たっても，障害児・者に対する差別のない平等な社会の実現には程遠い現実があり，政府の真摯な対応を迫った勧告だと言えます。

「第 24 条　教育」の勧告
　第 24 条　教育に関しては 6 項目の勧告が示されましたが，特に 2 つのことが注目されています。1 つは，分離された特別な教育をやめるために，障害のある子どものインクルーシブ教育を受ける権利を認めること，また質の高いインクルーシブ教育に関する国家行動計画を採択し，そこに特定の目標，時間枠，十分な予算を含め，すべての障害のある生徒が，あらゆる段階の教育において，合理的配慮と必要とする個別の支援を受けられるようにすること，を求めたことです。2 つめは，4 月 27 日に文科省から出された「通知」について，特別支援学級の子どもたちが，通常学

級で多くの時間を学ぶことを妨げることが懸念されるとして，撤回が勧告されたことです。

「勧告」の趣旨をとらえるために障害者権利条約の条文に立ち返る

　この勧告の趣旨を正しくとらえるために，障害者権利条約の条文に立ち返りたいと思います。「障害者権利条約　第24条　教育」においては，教育の目的を「人間の潜在能力並びに尊厳及び自己の価値についての意識を十分に発達させ，並びに人権，基本的自由及び人間の多様性の尊重を強化すること」「障害者が，その人格，才能，創造力並びに精神的及び身体的能力を，可能な最大限度まで発達させること」「障害者が自由な社会に効果的に参加することを可能とすること」と謳っています。この条約の基本理念にそって考えれば，インクルーシブ教育とは，単に，障害のある子が通常学級に在籍する教育を示すのではなく，一人ひとりの発達を最大限保障することを前提にして，誰ひとり排除されない教育ととらえることができます。

　さらに障害者権利条約が繰り返し述べている「他の者との平等を基礎」とすることにおいても，障害のない子どもたちと同じ空間で一緒にいることが「平等」なのではなく，個々の発達の課題に応じた，質の高い教育を受けることが実質的な「平等」であるととらえ直すことができます。また「第5条　平等と無差別」4項に「障害者の事実上の平等を促進し，又は達成するために必要な特別の措置は，この条約に規定する差別と解してはならない」とあることからも，一人ひとりに合わせた教育を保障するために，特別な学びの場が設置されることは「差別」や「分離」にはあたりません。障害者権利条約の理念にもとづくインクルーシブ教育の充実は，条約批准国を中心に国際的な課題です。インクルーシブ教育を重視している国においても，障害のある子どものための「特別学校」があり，その意義や役割は評価されています。

障害のある子どもたちの学ぶ権利が侵害されている実態と，その改善のための提案

　通常学級の条件整備も大きな課題です。現在，「障害を理由に通常学級への入級を一方的に拒否された」「必要な合理的配慮が提供されないために通常学級への在籍が

難しく，特別支援学級や特別支援学校を選ばざるを得なかった」という声が少なくありません。1学級の子どもの人数を20人程度の少人数学級にし，複数担任制にすることで，教員の目がゆきとどき障害のある子どもへの合理的配慮をおこなうことができます。また「過度に競争的な教育」が，障害のある子どもたちを通常学級から事実上「排除」しているという実態もあり，教育のあり方自体を考え直す必要もあります。

　特別支援学級は，通常の学校の中の特別な場として大きな役割をもっています。通常学級と連携しながらそれぞれの子どもたちにふさわしい教育課程を編成することができます。しかし，4月27日の「通知」では，「特別支援学級で学ぶ時間が半分に満たない子どもは学びの場の変更を検討すべき」という内容が示されました。学ぶ場の変更の強要では一人ひとりの障害や発達に応じた教育の実現はできません。この「通知」は撤回すべきです。また，複数の学年にまたがる子どもたちで「8人1学級」という学級編制標準が，約30年間も改善されておらず，早急に見直すべきです。特別支援学校は，「1教室をカーテンで仕切って2教室にする」「音楽室も図書室もない」など，必要数の教室が確保されないことが常態化しています。今年の4月1日から施行された「特別支援学校設置基準」を既存校にも適用し，計画的な新設が必要です。また，医療的ケアを必要とする子どもたちや強度行動障害の子どもたちなど，いわゆる「重度障害」とよばれる子どもたちが増えています。このように医療との連携が常に必要な子どもたちも含めて，一人ひとりの子どもたちの最大限の発達を保障するために教職員の定数改善を行い，教職員を増やすことが必要です。

　子どもたちが成長・発達するための学びの場はそれぞれに多様であり，どの場にも十分な予算をかけて子どもたちの豊かな教育が行われるよう教育条件の改善が必要です。

「インクルーシブ教育」実現のために，すべての子どもたちの最大限の発達を保障する条件整備を

　現在は，「特別支援学校の数が少なく居住地域から離れた場所にある学校に通わざるを得ない」「通学区の学校に特別支援学級がないために隣の学校に通わなくてはならない」というケースが数多くあり，これはインクルーシブ教育の理念に反します。

これらを改め、「地域にねざした小規模な特別支援学校にしていく」「必要とする子どもが一人でもいれば特別支援学級を設置する」「特別支援学級や特別支援学校には障害児教育の専門性の高い教職員を配置する」という方向ですすめれば、インクルーシブ教育の理念に基づいた特別支援学校、特別支援学級での学びが可能となると考えます。また、特別支援学校や特別支援学級の子どもたちと、同じ地域にくらす障害のない子どもたちが一緒に学ぶ機会や環境、教育内容をどうしたら創造できるのか、という検討も必要です。

　障害があっても、通常学級、特別支援学級、特別支援学校などの学ぶ場を子どもの最大の利益に基づいて選択することができ、どの場を選んでも「最大限度の発達を保障する」ための合理的な配慮を受けられる条件整備が必要です。国は早急に、すべての子どもが大事にされるインクルーシブ教育実現のために財源を確保して、大胆な教育改革を行うべきです。

　インクルーシブ教育は、障害のある子どもたちだけの教育課題ではなく、学校教育全体の課題です。すべての学びの場において、差別や排除がない学習活動への参加が平等に保障される教育が求められます。そのためには学級規模の適正化、教職員の増員と正規化、教育課程の自主編成権の確立、適切な集団の保障、就学支援のあり方の検討などが求められています。そのような教育が実現することで、障害のある子だけでなく、特別なニーズをもった子も含めてすべての子どもたちの発達要求に応える安心感のある学びの場になり得ます。

　またインクルーシブな学校づくりは、インクルーシブな地域づくりが基盤になります。そのため、保護者、地域との共同の運動が重要です。

　全教障害児教育部は、日本国憲法や子どもの権利条約、障害者権利条約の理念・精神にのっとり、障害者権利条約がある時代にふさわしい、すべての子どもたちの発達と学習権を保障する障害児教育の実現をめざし、広範なみなさんとこれからも一緒にとりくんでいきたいと思います。

4　文科省 4.27 通知

4文科初第375号
令和 4 年4月27日

各 都 道 府 県 教 育 委 員 会 教 育 長
各 指 定 都 市 教 育 委 員 会 教 育 長
各　都　道　府　県　知　事
構造改革特別区域法第 12 条第1項の認定を　　殿
受 け た 各 地 方 公 共 団 体 の 長
附属学校を置く各国公立大学法人の長
各 文 部 科 学 大 臣 所 轄 学 校 法 人 理 事 長

文 部 科 学 省 初 等 中 等 教 育 局 長

伯　井　美　徳

特別支援学級及び通級による指導の適切な運用について(通知)

　特別支援教育は、共生社会の形成に向けて、障害者の権利に関する条約に基づくインクルーシブ教育システムの理念を構築することを旨として行われることが重要です。また、インクルーシブ教育システムの理念の構築に向けては、障害のある子供と障害のない子供が可能な限り同じ場でともに学ぶことを追求するとともに、障害のある子供の自立と社会参加を見据え、一人一人の教育的ニーズに最も的確に応える指導を提供できるよう、多様で柔軟な仕組みを整備することが重要です。

　これらを踏まえれば、小・中学校や特別支援学校等が行う、障害のある子供と障害のない子供、あるいは地域の障害のある人とが触れ合い、共に活動する「交流及び共同学習」が大きな意義を有することは言うまでもありません。また、障害者基本法においても、「国及び地方公共団体は、障害者である児童及び生徒と障害者でない児童及び生徒との交流及び共同学習を積極的に進めることによって、その相互理解を促進しなければならない」とされているところです。

　このため、文部科学省は、小・中学校や特別支援学校等の学習指導要領等における交流及び共同学習に関する記載の充実及び教育委員会や学校に向けた参考資料である交流及び共同学習ガイドの改訂等を通して、交流及び共同学習を積極的に進めてきました。現在においては、一部の地域で取り組まれている、特別支援学校に在籍する児童生徒と居住する地域の学校との積極的な交流等についても、より重要性が増していると考えております。

また、交流及び共同学習には、相互の触れ合いを通じて豊かな人間性を育むことを目的とする「交流」の側面と、教科等のねらいの達成を目的とする「共同学習」の側面があり、この二つの側面を分かちがたいものとして捉えて推進していく必要があるという、基本的な考え方も併せて示してきたところです。

　しかしながら、文部科学省が令和3年度に一部の自治体を対象に実施した調査において、特別支援学級に在籍する児童生徒が、大半の時間を交流及び共同学習として通常の学級で学び、特別支援学級において障害の状態や特性及び心身の発達の段階等に応じた指導を十分に受けていない事例があることが明らかとなりました。冒頭で述べたとおり、インクルーシブ教育システムの理念の構築においては、障害のある子供と障害のない子供が可能な限り同じ場でともに学ぶことを追求するとともに、一人一人の教育的ニーズに最も的確に応える指導を提供できるよう、多様で柔軟な仕組みを整備することが重要であり、「交流」の側面のみに重点を置いて交流及び共同学習を実施することは適切ではありません。

　加えて、同調査においては、一部の自治体において、
・ 特別支援学級において特別の教育課程を編成しているにもかかわらず、自立活動の時間が設けられていない
・ 個々の児童生徒の状況を踏まえずに、特別支援学級では自立活動に加えて算数（数学）や国語の指導のみを行い、それ以外は通常の学級で学ぶといった、機械的かつ画一的な教育課程の編成が行われている
・ 「自校通級」、「他校通級」、「巡回指導」といった実施形態がある中で、通級による指導が十分に活用できていない
といった事例も散見されました。

　本通知は、こうした実態も踏まえ、これまで文部科学省が既に示してきた内容を、より明確化した上で、改めて周知することを主な目的とするものです。

　各都道府県教育委員会におかれては所管の学校及び域内の市町村教育委員会に対して、域内の市町村教育委員会におかれては所管の学校に対し、各指定都市教育委員会におかれては所管の学校に対して、都道府県の知事及び構造改革特別区域法第12条第1項の認定を受けた各地方公共団体におかれては所轄の学校及び学校法人等に対して、附属学校を置く各国公立大学法人におかれては附属学校に対して、各文部科学大臣所轄学校法人におかれてはその設置する学校に対して、本通知の趣旨について周知くださるようお願いします。

記

第1　特別支援学級又は通級による指導のいずれにおいて教育を行うべきかの判断について

○ 特別支援学級又は通級による指導のいずれにおいて教育を行うべきかの判断については、関係の法令及び「障害のある児童生徒等に対する早期からの一貫した支援について（通知）」（平成25年10月4日付け文科初第756号）等の通知や、令和3年6月に改訂した「障害のある子供の教育支援の手引」を参照し、客観的かつ円滑に適切な判断を行うことが必要であること。

○ 通級による指導の対象となる児童生徒について、その児童生徒が通学する小・中学校等に通級による指導の場を設けることが容易ではない場合に、安易に特別支援学級を開設することは適切とは言えないこと。どのような学びの場がふさわしいかは、その児童生徒の教育的ニーズが大前提となるため、市区町村教育委員会においては、令和3年6月に改訂した「障害のある子供の教育支援の手引」等を参照しつつ、必要に応じて都道府県教育委員会とも相談しながら学びの場（通級による指導の場合の実施形態も含む。）について入念に検討・判断を進める必要があること。

第2　特別支援学級に在籍する児童生徒の交流及び共同学習の時数について
○ 交流及び共同学習を実施するに当たっては、特別支援学級に在籍している児童生徒が、通常の学級で各教科等の授業内容が分かり学習活動に参加している実感・達成感をもちながら、充実した時間を過ごしていることが重要である。このため、「平成29年義務標準法の改正に伴い創設されたいわゆる『通級による指導』及び『日本語指導』に係る基礎定数の算定に係る留意事項について」（令和2年4月17日付事務連絡）にある通り、障害のある児童生徒が、必要な指導体制を整えないまま、交流及び共同学習として通常の学級で指導を受けることが継続するような状況は、実質的には、通常の学級に在籍して通級による指導を受ける状況と変わらず、不適切であること。

○ また、「障害のある子供の教育支援の手引」にあるように、特別支援学級に在籍している児童生徒が、大半の時間を交流及び共同学習として通常の学級で学んでいる場合には、学びの場の変更を検討するべきであること。言い換えれば、特別支援学級に在籍している児童生徒については、原則として週の授業時数の半分以上を目安として特別支援学級において児童生徒の一人一人の障害の状態や特性及び心身の発達の段階等に応じた授業を行うこと。

○ ただし、例えば、次年度に特別支援学級から通常の学級への学びの場の変更を検討している児童生徒について、段階的に交流及び共同学習の時数を増やしている等、当該児童生徒にとっての教育上の必要性がある場合においては、この限りではないこと。

- 特別支援学級に在籍する児童生徒について、個々の児童生徒の状況を踏まえずに、特別支援学級では自立活動に加えて算数（数学）や国語といった教科のみを学び、それ以外は交流及び共同学習として通常の学級で学ぶといった、機械的かつ画一的な教育課程を編成している。
- 全体的な知的発達に遅れがあるはずの知的障害の特別支援学級に在籍する児童生徒に対し、多くの教科について交流及び共同学習中心の授業が行われている。
- 通常の学級、通常の学級における指導と通級による指導を組み合わせた指導、特別支援学級、特別支援学校という学びの場の選択肢を、本人及び保護者に説明していない。
- 交流及び共同学習において、「交流」の側面のみに重点が置かれ、特別支援学級に在籍する児童生徒の個別の指導計画に基づく指導目標の達成が十分ではない。
- 交流及び共同学習において、通常の学級の担任のみに指導が委ねられ、必要な体制が整えられていないことにより、通常の学級及び特別支援学級の児童生徒双方にとって十分な学びが得られていない。

第3　特別支援学級に在籍する児童生徒の自立活動の時数について

○　特別支援学級における自立活動については、小学校等学習指導要領や特別支援学校学習指導要領に、

- 特別支援学級において実施する特別の教育課程については、（中略）自立活動を取り入れること
- 学校における自立活動の指導は、（中略）自立活動の時間はもとより、学校の教育活動全体を通じて適切に行うものとする
- 小学部又は中学部の各学年の自立活動の時間に充てる授業時数は、児童又は生徒の障害の状態や特性及び心身の発達の段階等に応じて、適切に定めるものとする

と記載されている。このため、特別支援学級において特別の教育課程を編成しているにもかかわらず自立活動の時間が設けられていない場合は、自立活動の時数を確保するべく、教育課程の再編成を検討するべきであること。

第4　通級による指導の更なる活用について

○　通級による指導の実施形態については、「自校通級」、「他校通級」、「巡回指導」それぞれの実施形態の特徴、指導の教育的効果、児童生徒や保護者の負担等を総合的に勘案し、各学校や地域の実態を踏まえて効果的な実施形態の選択及び運用を行うこと。

○　実施形態の選択に当たっては、児童生徒が在籍する小・中学校等で専門性の高い

通級による指導を受けられるよう、自校通級や巡回指導を一層推進することが望ましいこと。なお、通級による指導の充実に関しては、他校通級に係る児童生徒の移動にかかる時間や保護者の送迎の負担等を含め、今後文部科学省において、関係者の意見を聴取するなどして、より教育的な効果の高い運用の在り方について検討を行う予定であること。

○　また、地域全体で必要な指導を実施することができるよう、行政区を超える学校の兼務発令を活用するなど、専門性の高い人材による効果的かつ効率的な指導を行うための方策について検討を行うことが適当であること。

【本件連絡先】
　文部科学省初等中等教育局特別支援教育課企画調査係
　　TEL:03-5253-4111(内線 3191, 3195)
　　E-mail: tokubetu@mext.go.jp
　文部科学省初等中等教育局財務課企画調査係
　　TEL:03-5253-4111(内線 2072, 3746)
　　E-mail: zaimu@mext.go.jp

5 大阪障害児教育運動連絡会の 文科省 4・27 通知に対する見解 (全文)

障害のある子どもをふくめた全ての子どもの 発達が保障される教育の実現を求めます

「特別支援学級及び通級による指導の適切な運用について」
(文部科学省 2022 年 4 月 27 日付通知) に対する見解

　大阪の障害児教育にかかわる 6 団体でつくる「大阪障害児教育運動連絡会」は，文部科学省が 4 月 27 日に発出した通知「特別支援学級及び通級による指導の適切な運用について」に関する見解を 9 月 22 日にとりまとめて公表しました。ぜひ多くの皆さんにお読みいただき，ご意見などをお寄せいただきますようお願いいたします。

＜大阪障害児教育運動連絡会　構成団体＞
　　大阪府立障害児学校教職員組合
　　大阪教職員組合障害児教育部
　　大阪障害児・者を守る会
　　大阪の障害児教育をよくする会全国障害者問題研究会大阪支部
　　障害者（児）を守る全大阪連絡協議会

連絡先／〒 543-0021　　　大阪市天王寺区東高津町 7-11
　　　　　　　　　　　　　大阪府教育会館 704 号
　　TEL　　(06)6765-8904　FAX　　(06)6765-8905
　　E-mail　fushoukyou_1@mtb.biglobe.ne.jp

通知に関する私たちの見解

本年4月27日，文科省から「特別支援学級及び通級による指導の適切な運用について（通知）」（以下通知と表記）が都道府県教委，指定都市教委等に対し発出され，同内容が，大阪府教育庁から市町村教委に5月10日付で周知されました。これに伴い，各地で大混乱が起きています。

先生が減らされたり，居場所がなくなったりすると困ります

通知では，特別支援学級に在籍する子どもの学習の場について，以下のことが示されています。

・令和3年度に一部の自治体を対象に実施した調査（※引用注　大阪府，大阪市が含まれる）において，特別支援学級に在籍する児童生徒が，大半の時間を交流及び共同学習として通常の学級で学び，特別支援学級において…指導を十分に受けていない事例があること。
・障害のある児童生徒が，必要な指導体制を整えないまま，交流及び共同学習として通常の学級で指導を受けることが継続するような状況は，実質的には，通常の学級に在籍して通級による指導を受ける状況と変わらず，不適切であること。
・特別支援学級に在籍している児童生徒が，大半の時間を交流及び共同学習として通常の学級で学んでいる場合には，学びの場の変更を検討するべきであること。…原則として週の半分以上を目安として特別支援学級において…授業を行うこと。

大阪ではこれまで，「共に学び，共に育つ」教育を掲げ，障害のある子どもも通常学級で学ぶことを「原学級保障」として推し進められてきました。対してこの通知は，通常学級における交流及び共同教育への過度な傾倒を問題であると取り上げ，実質的に，大阪の方針の転換を迫る内容となっています。

この通知を受けて大阪市・堺市を含む府内の各教育委員会では，各学校や保護者に対して，特別支援学級在籍の変更や，学習内容の早急な変更を求める動きが出てきています。ある自治体では，特別支援学級での授業時数を示しながら次年度の在籍について確認する文書が，別の自治体では「新しい支援教育の方針」を示し，特別支援学級での学習の「同意」を求める文書が，保護者に配布されました。

特別支援学級「原則として週の授業時数の半分以上」の「目安」の明示では，一人ひとりの教育的ニーズに応じられない

私たち大阪障害児教育運動連絡会とその構成団体は，これまで一貫して障害のある子どもたちの発達を保障する教育の実現のために，特別支援学校・特別支援学級の充実，通指導教室の全校設置をはじめ，通常学級をふくめた教育条件の改善を目指し取り組みを進めてきました。その中で，「共に学び，共に育つ」教育のもと，障害のある子どもが十分な支援を受けられないまま通常学級での学習を押しつけられることがあってはならないと指摘し，特別支援学校・特別支援学級での発達に応じた教育の充実を求めてきました。今回の通知は一見すると，大阪の「共に学び，共に育つ」教育の問題点を是正し，特別支援学級での子どもたちの実態にあわせた学習を促すようにも見えます。しかし実際は，この通知では障害児教育の充実にはつながらず，むしろ後退させるものと考えます。

　学校からの突然の連絡や報道等の情報に触れ，各地で不安の声があがっています。ある保護者は「うちの子の場合は，特別支援学級に在籍できないのか」「通級指導教室といっても，我が子が通う学校には設置されていない」と，先行きの不透明さへの不安を露わにします。

　通知は，冒頭で「一人一人の教育的ニーズに最も的確に応える指導を提供できるよう，多様で柔軟な仕組を整備することが重要です」と示しておきながら，指導を可能とする条件整備が，どこにも示されていません。そればかりかむしろ「最も的確に応える指導」という文言には，支援の幅を広げるものではなく，個に応じるという名目で支援を効率化・限定化するようなきらいがあります。

　一人ひとりの教育的ニーズは多様であり，また環境や時々の状況により変化するものです。さらに，それぞれの子どもや学校・地域の指導・支援の経緯がある中で，通知のような形で基準を示すことは，子どもや保護者の不安をあおり，障害のある子どもたちの成長・発達の場を奪うものとなりかねません。

通知による，障害児のための教育保障・合理的配慮にかかる経費削減を懸念

　通知に触れ，学校生活にあたり，安全の見守りや集団生活への不安の解消を期待して特別支援学級に在籍した子どもや保護者から不安の声があがっています。特別支援学級に在籍し通常の学級での学習をがんばっている発達障害の子の保護者からは，「しんどくなった時にクールダウンできたり見守ってもらったりするためにと思い特別支援学級に在籍しました。確かに，うちの子は大部分が通常学級でもできるかもしれないけれど，先生が減るのは困るし，話が違うと思います」と，支援体制の後退を心配します。また肢体不自由児の保護者からは「自分で歩行することもできるため，安全な移動の見守り支援など合理的配慮の保障を期待して特別支援学級に在籍した。在籍でなくなると，これらの支援は保障されるのでしょうか」と指摘

します。

　私たちは，通知の本質は障害児のための教育の充実，合理的配慮のための環境整備を図るものではないと考えます。通知の本当のねらいは，特別支援学級に在籍する子どもの数と学級数を減らし，障害への合理的配慮にかかる経費をおさえることにあると考えます。

保護者への十分な説明が行われないことへの強い憤り

　通知を受け，保護者に対する説明が十分に行われないまま，学びの場の「変更」が進められている状況が広がっています。中には教育委員会としての方針が定まらず，学校によって説明が異なる地域もあり，不信感も広がっています。このような中で，「学びの場」の変更を意図すると思われる確認や同意の取り付けが進められることに，怒りの声が上がっています。

　そもそも文科省は，これまで特別支援学級在籍の子どもたちの通常学級での「交流及び共同学習」を推奨してきました。05年の『特別支援教育を推進するための制度の在り方について』（中教審答申）や，昨年度の『新しい特別支援教育の在り方に関する有識者会議』，『障害のある子供の教育支援の手引』にも示されており，今回の通知はこれらとの矛盾が見られます。これが，混乱をより一層強める要因となっています。

　教育の場の選択は，子どもやその保護者の納得と同意が原則です。しかし現状は，この原則がないがしろにされています。子どもや保護者が納得できるような十分な説明がないまま判断を迫られている状況に，私たちは強い憤りを感じています。

不十分な特別支援教育の条件の中で，
　　　　　　大阪の特別支援学級が担ってきたもの

学校そのものが，子どもたちにとって過ごしやすい場所になっていない

　大阪府内の特別支援学級に在籍する子どもは，特別支援教育が始まった07年度と比べて21年度は3.53倍となりました。これは，全国にも増して高い水準です。通知を出すにあたり，文科省は「在籍の割合が高い地域」への調査を根拠にしましたが，大阪をはじめ全国の在籍数の増加の背景には，特別支援学級の「適切な運用」や学びの場の「適切な判断」の問題にとどまらない，教育そのもののあり方の問題が含まれていると，私たちは考えています。

　クールダウンの場として特別支援学級を利用していた子どもは，「通常学級は，生

徒がいっぱいいて先生は1人しかいないのに対応してもらえるわけないやん。先生も忙しいし」と学校の状況を語ります。先生が子どもたちと丁寧に関わるには，1学級の人数が多すぎること，日々の業務に多忙なことを子どもが察して遠慮するような状況です。またある保護者は，「通常学級では子どもたちがテストと競争によるストレスで，荒れや不登校，いじめなどが心配」と語り，学校そのものが子どもたちにとって，過ごしやすい場所になっていないという現状を憂います。

　今，学校は「全国学力状況調査」や大阪府が進める「チャレンジテスト」「すくすくウォッチ」などの競争と管理の強化により，子どもたちにとって生きづらい場所となっていっています。特別支援学級や特別支援学校に在籍する子どもの増加の背景にはこうした通常教育が抱える問題もあると考えます。

子どもや保護者に寄り添い励ます役割を担ってきた特別支援学級

　生きづらい場所となっている学校において，特別支援学級とその担任の先生は，子どもや保護者の不安に寄り添い，子どもの成長・発達への希望を指し示し，子どもたちが真に安心して学校生活を送るために大きな役割を果たしてきました。特に，大阪の小中学校では本人・保護者の意向を踏まえ可能な活動については通常の学級で行い，小集団が好ましい活動や個に応じた学習については個別に特別支援学級で行うという方式も行われてきました。ある保護者は，「特別支援学級での授業時数には表れない，生活面・精神面で下支えしてきた特別支援学級」の役割を指摘します。大阪の特別支援学級は，全国にも増して，子どもの駆け込み寺として機能し，通常学級と連携しながら保護者の不安感に寄り添い励ましてきました。自己選択・自己責任の考えが広がる中で，生きづらさをかかえた我が子を守りたい一心で特別支援学級への入級を希望する保護者の切実な思いを支えることも，特別支援学級の大事な役割のひとつとなっています。

　他方で，大阪府内では，「共生・共育」が掲げられる中で，本人や保護者が希望するにもかかわらず，特別支援学級の授業を「算数」「国語」の教科のみに限定したり，子どもの障害や発達状況を軽視して理解が困難な通常の学級の授業に参加させたりといった，生き生きとした主体的な学びが奪われてきた実態があります。中にはストレスのために「自傷」「他傷」や行き渋り・不登校などの二次障害を引き起こし，居場所を求めて支援学校に転校するというケースもあります。私たちはこのような行き過ぎた「共に学び・共に育つ」教育を是正し，どの子も安心して学び，発達が保障される教育に変えていくことも課題だと考えています。

　通知が示す「適切な運用」からは，大阪の特別支援学級が担ってきた，子どもや保護者をささえる役割が見えてきません。大阪の特別支援学級が担ってきた役割を正当に評価し，支援・指導を限定してきたこれまでの方針を是正することが大切です。

そのためにも，一人ひとりの教育的ニーズを踏まえたカリキュラムと支援体制の充実が不可欠です。通常学級や特別支援学級，通級指導教室が子どもの学びの場としてふさわしい環境として整備され，特別支援学級での学習時間で「適切」かどうかをはかるのではなく，豊かな環境の下で学校全体が連携して支援を展開できるようにすることこそ必要と考えます。

一人ひとりの教育的ニーズに応え得る教育条件整備こそ急務

　通知では，学びの場の変更にあたっての支援の方策として「通級指導教室」が示されています。しかし，実際は子どものニーズに応じられるような設置状況ではありません。府内にある小・中学校1434校に対して通級指導教室は約3割の456教室しかありません。各地の設置状況にもばらつきがあり，中には20校に1教室しか設置されていない地域もあります。また，依然として保護者の送り迎えを必要とする他校通級が中心で，1教室40人を超える子どもが利用する教室もある等，支援を受けるには大きな制約があります。今後，13人定員へと整備されていく見通しですが，8人定員の特別支援学級の支援体制とは大きな格差があります。これでは，学ぶ権利の後退にもなりかねません。

　保護者の相談や各方面との連携を担う，特別支援コーディネーターも専任配置ではありません。特別支援学級や通常学級の担任をしながらでは，「話を聞いてもらいたい。相談したい」という保護者の思いにいつでも応じられる状況ではありません。通常学級に在籍し望めば安心して利用できる自校通級の通級指導教室の全校設置や定数の改善，特別支援コーディネーターの専任化を急ぐ必要があります。

　子どもの発達を保障し，保護者を支える役割を担っている特別支援学級においても，決して十分な条件ではありません。特別支援学級在籍数が3.53倍になる一方で，学級設置は2.56倍に留められています（07年度比）。特別支援学級定数は30年前から改善されず8人のままで，重複障害のある子どもに対しても加配等の措置もありません。また，中には1年から6年まで全ての学年の子どもが学ぶ学級もあります。特別支援学級の縮減が懸念されるような通知ではなく，在籍児童・生徒数の増加に実質的に見合った特別支援学級の増設置と，学級定数を6人に引き下げるなど特別支援学級の教育条件改善をすすめる事こそが必要です。

私たちの願い

　文科省通知は，教育そのものが抱える問題，在籍が増える理由の本質に触れられていません。そして，不十分な支援体制の中で，大阪の特別支援学級担任が担ってきた重要な役割についても触れることなく，「特別支援学級」を拠り所にしてきた保護

者の思いを汲む内容は，一切示されていません。それにもかかわらず，通知が特別支援学級での授業時数を根拠に「学びの場の変更」を求めることは極めて不適切です。保護者の願いや子どもの状況，地域の実情を踏まえずに，紋切り型に切り捨てるようなことは，とうてい認められません。私たちは，障害のある子どもたちの発達を保障する教育を求めます。そのためにも，

・地域に密着した小規模・適正な特別支援学校の新設
・特別支援学級の定数改善（当面 6 人に）と増設置
・通級指導教室の全校設置と定数改善，指導・支援体制の充実
・特別支援コーディネーターの専任配置
・中学校も含めた義務教育全学年 35 人学級の実現など通常学級の定数改善
・通常学級での合理的配慮を可能とする人的・物的・技術的な諸条件の整備
・看護師・介助員・相談員等，障害のある子どもの支援を充実するための人的配置

など，教育条件の改善を強く求めます。そしてその改善が，保護者や子どもの思いを十分に聞き取って進められることを原則とするよう求めます。

　このほど国連障害者権利委員会は，「総括所見（22 年 9 月 9 日）」を取りまとめて日本政府に施策の改善を求めました。障害児教育に関しては，今回の通知を撤回するよう名指しで勧告するとともに，インクルーシブ教育の推進を強く求めています。
　今求められているのは，管理と競争によって子どもたちを「排除する」教育を改め，少人数学級の実現や障害のある子ども，不登校・被虐待・非行・貧困問題，外国籍ルーツの子どもや帰国子女など様々な困難や「特別な教育的ニーズ」を抱える子どもたちの尊厳と多様性を「包み込む」＝「排除しない」真のインクルーシブ教育の実現です。単に学ぶ場を一緒にしたことでインクルーシブが実現したとは到底言えません。現在の，多くの子どもたちが居場所を失い，学ぶ意欲をそがれ，生き生きと活動できない競争・管理主義教育をきっぱりと是正してこそ，真のインクルーシブ教育は実現できます。それは私たちが求める教育諸条件の改善を第一歩として，多くの教育関係者・市民の共同の力で実を結んでいくものであると考えます。
　私たちは，競争・管理に傾倒する教育のあり方の是正をもとめ，貧しい教育条件のまま，「通常学級か特別支援学級か」「地域の学校か支援学校か」という二者択一を迫るのではなく，一人ひとりの障害や発達の状態，教育的ニーズに応じる事が可能な基礎的な条件整備を進めることを求めます。
　大阪の障害児教育における教育条件整備と，子どもの実態に応じた障害児教育の充実の上で，障害のある子どもをふくめた全ての子どもの発達が保障される教育を実現するために，通知の即時撤回を求めます。

（編者紹介）

越野和之 (こしの かずゆき)

全国障害者問題研究会全国委員長 / 奈良教育大学教育学部教授

児嶋芳郎 (こじま よしお)

全国障害者問題研究会研究推進副委員長 / 立正大学社会福祉学部教授

「みんなのねがい」編集部

全国障害者問題研究会の月刊誌「みんなのねがい」編集部

本書をお買い上げいただいた方で，視覚障害等により活字を読むことが困難な方のために，テキストデータを用意しています。ご希望の方は，全国障害者問題研究会まで，お問い合わせください。

障害者権利委員会 総括所見とインクルーシブ教育

2023 年 8 月 25 日　第 1 版第 1 刷　発行

編者　　越野和之・児嶋芳郎・「みんなのねがい」編集部
発行所　全国障害者問題研究会出版部
　　　　〒 169-0051　東京都新宿区西早稲田 2 − 15 − 10
　　　　西早稲田関口ビル 4F
　　　　TEL　03 − 5285 − 2601　FAX　03 − 5285 − 2603
　　　　info@nginet.or.jp　　https://www/nginet.or.jp
印刷　　モリモト印刷株式会社